藏书

珍藏版

周易全書

赵文博 主编

伍

辽海出版社

目 录

1

周易智慧

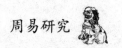

知“时”

与“几”“度”等概念关系密切的，还有个“时”的概念。周易中只有一个时字，在《归妹》鳍卦九四爻“归妹愆期，迟归有时”中。大意是，少女延期未嫁，是静待良辰。这里的“时”，是时机之意。但孔子却抓住它的内涵，加以延申，遂使它内在的哲理得以充分抒发。在《系辞》和《象》传中出现竟有57处之多，可见在孔子心目中，“时”的概念在周易来说是何等重要。孔子后来被称为“圣之时者也”（《孟子·万章下》），也可见《易》理的“时”对孔子思想的影响，多么巨大。

“时”这个概念虽是由孔子发掘与发挥的，但它的母体却在于周易本身。换言之，周易处处充满了“时”的观念。每一卦有每一卦的“时”，每一爻有每一爻的“时”，卦变有卦变的“时”，爻变有爻变的“时”，离开“时”的观念，周易的象数文辞就失去变化，丧失生动活泼的体性，而成为一大堆占卜辞象的汇集。对学《易》来说，离开“时”的观念，也无从理解周易的象

数文辞及其"唯变所适，不可为典要"的属性。

孔子在《系辞》中对"卦、爻、变、动"的根本作了论断，他说：

"八卦成列，象在其中矣。因而重之，爻在其中矣。刚柔相推，变在其中矣。吉凶悔吝者，生乎动者也。刚柔者，立本者也。变通者，趣时者也"。（《系辞下》首章）这段话的内容，由四点组成：1、八卦分列其位，万物的情志现其象中，据八卦而重叠，乃生成六十四卦而含有三百八十四爻。2、刚爻柔爻互相推摩，其中便出现变化。3、按其变化而系以文辞，指出吉凶悔吝，其中乃蕴涵行动的规律，因为吉凶悔吝是由行动产生出来的。4、爻之刚柔互相对待，是立卦生变的根基。在此根基上，刚爻柔爻相推而生变化，变化而流通。爻之变化流通的趋向，是适应于"时"的变动。

然则，周易的"时"，究竟是什么意思呢？

前文说过，王弼以"时"作为卦的界说。他说："夫卦者时也，"又说："夫时有否泰，故用有行藏。"意思是说，卦就是"时"。时有否时泰时，故而泰时则行，否时则遁。看来，王弼认为卦就是一种情境。在泰平的情境中应施展抱负，亦即孔子所谓"知至至之，可

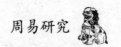

与几也"。当情境转为否塞时，就要"知终终之"，隐遁以存义。但"时"是个言简义丰的词，含有多个相关的义项。情境只是其中之一。《归妹》九四的"迟归有时"，是指时间而言。《系辞》所谓"变通配四时"（《系辞上》六章）的"时"，当然是指时节。《象传》"以大矣哉"的语气，对《豫》《随》《遁》《姤》《旅》五卦的"时义"，《坎》《睽》《蹇》三卦的"时用"以及《颐》《大过》《解》《革》四卦的"时"加以赞叹。在这里，"时义""时用"和"时"三者的"时"，意思也有所不同。《周易本义》说："……然叹卦有三种：一，直叹'时'，如'《大过》之时大矣哉'之例是也。二，'叹''时'并用，如'《险》之时用大矣哉'之例是也。三，叹'时'并'义'，如'《豫》之时义大矣哉'之例是也。"这只是举例分类，而不是具体解说。具体情况应该说是，《大过》漭象征阳刚过甚、正旺邪衰的重大时局。这个"大矣哉"的"时"，是指时局。《解》陨象征患难消散、万象复苏的形势，这里的"大矣哉"的"时"，是指形势。《革》鳌象征除旧布新的革命局势，这里的"大矣哉"的"时"，显然是指时事大变的政治局势。《颐》埙象征饮食养生，这个"大矣

3

哉"的"时"，却不是指养生的时期、时势之类，而是说民以食为天，要养民以时，指时需而言。程颐所谓"万物之生与养，'时'为大"（《易传》），即是此意。由此可见，《象》传之所谓时，含有时间、时期、时势、时局、形势、时需等多个义项。

但是作为哲学概念，周易的"时"却另有涵义。

就"大矣哉"的时义来说，周易的《豫》《随》《遁》《姤》《旅》五卦，并不象《周易·玩辞》所说的"皆若浅事而有深意"那样含糊、空泛。具体说，《豫》籧之"时义"之大，在于顺理而动，以应"时趋"。《随》玃之"时义"之大，在于不失时机。《遁》陋之"时义"之大，在于依道浮沉，随时隐现"。《姤》龇之"时义"之大，在于因时制"遇"，不窒一隅。《旅》谨之"时义"之大在于失其所安而刚柔不失其正。这五卦的所谓时义，就是时宜（义者宜也）。含有合乎时宜，随机应变，审时度势，因时制宜的意思。另外，就"时用"来看，简言之，《坎》趋象为险，《睽》鹠象为乖，《蹇》犇象为难，这是三卦的基本情境。处于这种不利的情境中，若能保持贞固，灵活应对，也可变不利为有利，关键于在因时制宜。故而这三卦之"大矣哉"的

"时用",是"用时"的倒置(如《中庸》之解为庸中)。意思是运用相机行事、灵活应变的办法,便可化险为夷。由于"时用"有这样巨大的功效,所以才用"大矣哉"加以赞叹。

这样看来,上述带有时、时义、时用的十卦当中,讲时义、时用的八个卦的"时",是因时制宜的"时",属于哲学概念。依据上述具体分析,便可进一步对《系辞》所谓"变通者趋时者也"(《系辞下》一章)的"时",以及《艮》卦《象》传所谓"时止则止,时行则行。动静不失其时,其道光明"的"时",究竟是什么意思有深入而切实的理解。前者讲的是卦爻因时变化的法则,后者讲的是以时进退的为人之道。深入领会这两个"时"的二而一、一而二的精义,便自然而然对周易辩证思维的灵活性产生亲切的认识。同时,回过头来再看上引孔子那段话里所说的"刚柔相推,变在其中矣"和"变通者趋时者也",也就会对它的涵义,豁然了悟。

大体上,所谓刚柔相推,是说爻变的内因,趋时是说爻变的外因。孔子这两句话确实抓住了《易》变的灵魂,非常深刻。但对于卦的本质,他只谈到象义,而未

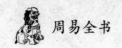

讲到时义。这也许是圣者的千虑一失吧。所以后来王弼以时论卦，予以补充，就使人对《易》卦和《易》时的认识，深入了一步。

王弼在以时论卦之外，也继承孔子的思想，以时论爻。他所说的"爻者，适时之变者也"，和上述孔子所说的"变通者，趋时者也"，大意相同，但略有差异。孔子说"趋时，"王弼说"适时"，虽以时为本，但"趋"（趋向）与"适"（适应）显然有所不同。不同的原因大约在于孔子所说的"趋"，是卦爻刚柔的变与通，变而且通，必随时移动，故曰"趋时"。而王弼以卦为时（情境），时（卦）有变，则时（卦）内之爻必应变而变，故曰"适"。正因为这样，所以王弼接下去，阐述说：

"夫时有否泰，卦有小大，故辞有险易。一时之制，可反而用也，一时之吉，可反而凶也。故卦以反对，而爻以皆变。

大意是说，卦为时，时变引起爻变。

接着，他又说：

"是故，用无常道，事无轨度，动静屈伸，唯变所适。故名其卦，则吉凶从其类；存其时，则动静应其

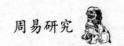

用。寻名以观其吉凶，举时以观其动静，则一体之变，由斯见矣。"

大意是说，事物的功用并无固定的套路与轨度，动静屈伸皆适时而变。故而冠以卦名，便现出吉凶的类别。如《谦》《比》为吉，而《蹇》《剥》为凶。思其卦时，则动静可供应用。如《震》时起动的作用，《艮》时起静的作用。探索卦名以观吉凶，揭示卦时以观其动静。如此，则全卦的变化，于兹可见。简言之，这段话的重点就在"变"与"适"两个字上。亦即变源于时，爻变在于适时。唯有知时，始可知变。

然后，他举例加以论述：

"《比》《复》好先，《乾》《壮》恶首。《明夷》务暗，《丰》尚光大。吉凶有时，不可犯也。动静有适，不可过也。"

他认为，周易的吉凶在于时，背时而行，必受其害。如《比》《复》二卦，以先（初爻）为好。《比》初六为："有孚，比之，无咎。有孚盈缶，终来有它吉。"（开始与人亲近，从诚信出发，无咎。诚信若如满瓮之酒，终必另获吉运）《复》的初九为："不远复。无祗悔，元吉。"（迷途不远即返回，不至于悔恨，大

7

吉。）正因这两卦的初爻都处于良好的"时"，所以吉祥。而《乾》和《大壮》却厌恶出头。《乾》上九"亢龙，有悔"，《大壮》上六"羝羊触藩，不能退，不能遂，无攸利。"（羝羊以角触藩篱，角被挂住，进退不得，无利。）都是逞强冒进，人所厌弃。《明夷》务求晦明（象曰"利艰贞"，即主张藏明于晦，以度困境）。《丰》则崇尚光大（《象》曰"勿忧，宜日中"，即强调盛衰之际要持盈保泰，维持如日中天的状态）。或初吉，或上凶，或暗吉，或光吉：唯时是依，时不可逆（犯），一动一静都有恰当的时机，不可错过。

接着，他又以严历的口吻指出违时失时的害处，说：

"犯时之忌，罪不在大。失其所适，过不在深。动天下，灭君主，而不可危也，侮妻子。用颜色，而不可易也。故当其贵贱之时，其位不可犯也，遇其忧悔吝之时，其介不可慢也。观爻思变，变斯尽矣。"（以上皆引自《周易略例·明卦适变通爻》）

这段话的大意是说，违时失时之所以必须避免，不在于它会酿成大罪深过。《离》九四之"突如其来如、焚如、死如、弃如"是说，九四在《离》的重明之体中，阳处阴位。不中不正，重刚躁烈，进逼柔居尊位的六五，有犯上灭君之势，气焰烈火，震动天下，为上下所不容，祸至于死弃而后已。这是乘人之危而违时蠢动的大罪。至于变貌变色，辱骂妻儿，如《家人》九三之"家人嗃嗃，悔厉吉。妇子嘻嘻，终吝"（治家宜严。虽使家人嗃嗃叫，有悔有厉，但终会获吉。治家不严，使妇子笑嘻嘻，终致羞吝）。虽是小事，也不可大意，当严必严，不可违时而行。故此，位有贵贱，爻有尊卑，其时其位，不可违反，遇到忧、悔、吝、之"时"，其微小的朕兆也不可掉以轻心。如此，观爻思变，思变知时，变化之道，尽在于此。

在这篇《明卦适变通爻》当中，关于爻变情况，涉及爻位和爻间的比、应、承、远、近、内、外、初、上等关系。这些概念实质上也可纳入时的范畴，故而作者在文中一并加以论述（为了免于烦琐，引文从略）。综合说来，王弼所谓"适时之变"的时，就是"理当其可"的时，亦即时宜之意。和孔子《象》传所赞叹的"时义、时用"的时，是一个意思。用今天的哲学语言来说，就是一定的时间、地点、条件所形成的具体情况，就是"时"。应此情况而变动，谓之适时，顺此情

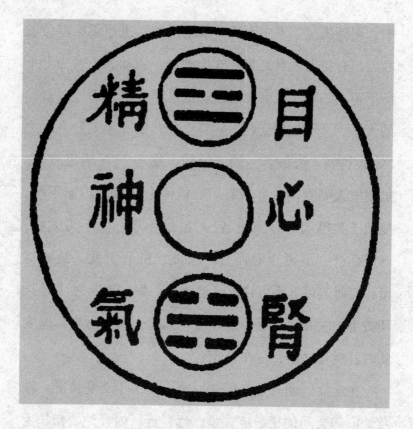

后天卦离坎北图，出自清·胡渭《易图明辨》

况而变通，谓之趋时。简言之，古人所说的时，就是据以适变的时空情的统一点。时的概念，确是一把打开周易变化之门的钥匙，用它来分析卦爻之变通，可以说无往而不利。

从卦变来说，卦序的错综展开，也都有个适时趋时的问题。

继《乾》《坤》始交之后，造成《震》《坎》，从而组成《屯》鹊，这是《屯》出现的时间；上天下地，是它出现的空间；雷水满盈，混沌郁难是它出现的情况，三者合一，就是《屯》的"时"。就是说，《屯》是在这种时空情况下诞生的。由于《屯》"时"多难，故卦辞提出"利建侯"的处《屯》之计。亦即告诫人们，此时要稳建基础，不宜前进。继《屯》为《蒙》鹅。《坎》《震》相综，象征万物始生的蒙昧时期，这是《蒙》生的时间；天地之中，是《蒙》生的空间；上《艮》下《坎》，象征《蒙》情如山下出泉而有险，是《蒙》的情况。三者合一，就形成《蒙》的"时"。《屯》变为《蒙》，就是《屯》"时"变为《蒙》"时"。卦辞同时指出，《蒙》"时"的演变前景"亨"，亦即蒙昧经开发后能转化为畅明，犹如泉水在山浊而出山清。要在于时。故而处《蒙》之道，要掌握时宜，看到"蒙"可能化为"亨"，只要致力于开发，则前途光明，关键在于适时与趋时。

再如《既济》钮与《未济》烊两卦。前者卦体为上《坎》下《离》，六爻皆各得其位，阴阳相应，象征事物的终结。这就是《即济》的"时"。一旦卦形颠倒

（综）之际（时间），变为上《离》 （火）下《坎》
（水）的形体（空间），造成六爻阴阳皆不得位，象征
事物的开始（情况）。这样，《即济》之变为《未济》，
就是《即济》的"时"变为《未济》的"时"，《即
济》趋《未济》之时而造成了卦变。

爻变的适时趋时情况，最明显的表现在爻位的移动
上。典型的例子仍是《乾》卦。孔子在《象》传中所
说的"六位时成，时乘六龙以御天"，是指出六爻六位
的形成在于"时"，六龙以不同的情态居于六位，逐步
上升，也在于时。故而解释爻象时，他认为初九"潜龙
勿用，阳在下也。"就是说，龙象喻阳，阳气初萌，精
力微弱之际，是潜龙的时间，初位为地下，阳在地下，
是潜龙的空间，需要悔养待机，是潜龙的情况（条件）。
《乾》卦初九的象数义理，就是在这样时空情的统一下
形成的。换言之，就是针对《乾》初九这样的"时"，
周易所提出的处时之计是宜潜不宜现。

位是爻的象数辞的载体，亦即爻的时空情之所在，
双方有互动共变的关系。象数辞变，则时空情变，两者
皆变，位亦从之。反之亦然，——位变则其他也必随之
而变。《乾》九二爻的位，是象征地上。这是九二阳龙

上升所到的"空间"。龙由潜伏而出现地表之际，是时机成熟，出潜离隐，崭露头角的"时间"。"见龙在田，利见大人"，表示九二阳龙展现大德，施展抱负的"情况"。在这样的"时空情"的综合下形成的"情境"，就是《乾》九二的"时"。这个"时"，是初九的时，适应象数辞之变而形成的。九二的阳继续上升，由二及三时（时间），迈上人位（空间）。以后出现的情况是以阳刚之身处于阳刚之位，正而不中，处于下体之颠，上体之下，上未着天，下已离地，跻身于上下之际，风险之中。此时此地此情，就是九二当前的"时"。"终日乾乾，夕惕若，厉，无咎"，便是周易为君子筹划的处时之计：以精勤谨慎的精神度过危境。进一步，阳复上升，由三及四之时（时间），越出下体，走上上体，达到人位之颠（空间），阳居阴位，逼近九五尊位，为"多惧"之境，缺乏安定感（情况）。对应之计，只能时或退居于渊，时或跃跃欲试，自我修练，审时度势，待机而动。继而龙阳上升，由四及五之际（时间），即越出人位而跃上天位（空间）。此位是表现《乾》道刚、健、中、正、纯粹之性情的理想境界。阳臻五位，如"飞龙在天"，志得意满，为天下人所景仰。这就是

"四"至"五"的数之变所形成的新形势（情况）。周易认为，此时此位此情的应时良策是"利见大人"，亦即飞黄腾达，身居尊位，意得志满之际，应保持谦虚，礼贤下士，求得上下合作，敷扬德政，以利天下。万不可得意忘形，逞情骄亢，以致由五升六之际，闯进穷途的上位，成为亢龙。上位乃《乾》阳满盈之时，满则必亏。阳既得志于五位，理应留有余地，保持太和。倘若一意冒进，犯时而行，必致有悔，乃至咎凶，甚至陷

原宪像。原宪是孔子的弟子，春秋鲁国人，字子思，亦称原思、原思仲。曾任孔子的家宰，为人清正，不贪财，不求仁，后人曾以他为例诠释《周易》经传中面对人生的困境，或反身修德，或"遁世而无闷"，表现出的旷达开朗、处困犹歌的精神

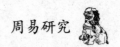

于"动天下，灭君主""死如"，焚如，弃如"的可悲下场。

《乾》卦取象于天，具有天的纯阳的健性，始生万物而运行不已。——这是《乾》卦的"时"，亦即它所象征的情境。卦分上下六位，《乾》阳自下而上运行上升。如上所述，其运行上升所经的上下六位，就是上下卦的"时"和六个位的"时"。爻适时变，爻趋时变，适时而变者吉，违时而行者凶。其时、其时义（宜）、其时用，在六爻的变动中，表现得极其明显。《乾》卦六爻的适变之情，可以作为六十四卦三百八十四爻的典型代表。

依据上述，可见孔子所揭出的周易的"时"，无论卦或爻，所指的都是时、空、情的统一。适变，就是适应时空情之变。

周易本教化之旨，适应象数位之变，以文辞指出应时之计，孔子对此深有体会，主要地表现在《艮》韃卦的《象》传中。他说："艮，止也。时止则止，时行则行，动静不失其时，其道光明。"《艮》象山，山有止义。孔子从山的止义中却悟出止与行的标准——"时"。意为时宜止则止，时宜行则行。或动或静，不失时宜，前途光明。如此，能从止中悟出行，从动中悟出静，从行止动静中悟出时，这正是孔子知进知退、知柔知刚的两点论辩证思维方法的功效，而这种思维方法完全是他从阴阳之道的周易中获得的，说周易为孔子儒家思想的主要源头，并不算过分。

所谓"时止则止，时行则行，动静不失其时"云云，对孔子来说，不止是也不仅是从《艮》卦中悟出的立身行事之计，而且已经上升为自己的人生观和世界观。这在《论语》中有明显的表现。如孔子在评论逸民（隐逸不仕者）时说："虞仲、夷逸，隐居放言，身中清，废中权。我则异于是，无可无不可。"（《微子》第十八）大意是说，周代隐逸不仕的人当中，吴泰伯之弟虞仲和另一个名叫夷逸的贤者，隐居不仕，畅所欲言。自身的行为合乎清高之义，废弃不仕合乎通权达变之理。但我和他们的作风不一样，是无所谓"可"，也无所谓"不可"的。这就是孔子"不可为典要，唯变所适"的观点，亦即适"时"而动，并无常规的观点。他如孔子对颜渊所说的"用之则行，舍之则藏"（《述而第七》），自述心志的"天下有道则现，无道则隐"（《泰伯第八》），解答原宪问"耻"时所说的"邦有道，谷；邦无道，谷，耻也"（《宪部第十四》），对比史鱼和蘧伯玉的作风进行评论时，说史鱼"直哉！……邦有道如矢，邦无道如矢"，说蘧伯玉"君子哉！……邦有道则仕，邦无道则可卷而怀之"（《卫灵公第十五》），认为史鱼不论当局有道无道，皆正直如矢，不过是正直的人而已，不够君子。而蘧伯玉则依当局之有道无道而或仕或隐，适"时"而行，够个君子，如此等等。一言以蔽之，就是如同周易卦爻那样，依据具体的时空情况决定行止，灵活地因时制宜。从孔子这种隐现适时的政治态度中，可以看到周易《遁》卦的影子。

时　中

在孔子的《易》学思想中，时与中都占有重要地位。他在解《易》时，不但分别强调时与中，而且还把两者结合起来，构成"时中"的概念。在解释《蒙》的卦辞时，他认为"《蒙》亨"的涵义是"以亨行，时中也。"意思是说，蒙昧可变为畅明，但由山下有险的蒙昧走向山外畅明的前途，关键在于遇险而止，通达则行，亦即时止则止，时行则行，动静不失其时。不但适时而又恰如其分，这就叫作"时中"。后来孔子讲时中之义的话为子思在《中庸》里加以引用，成为中庸哲学的理论依据。其言曰："仲尼曰：'君子中庸，小人反中庸。君之中庸也，君子而时中。小人反中庸也，小人而无忌惮也。'"今人的译文里，有的将这段话里的"时中"解作"时时处处既不'过'，又非'不及'"，把"时"译为"时时处处"。若依孔子解《蒙》卦的"时中"来衡量，恐怕未必确当。以孔子的"时中"思想来看，这里的时中也应如旧注，解作"随时以处中"（《四书集注·中庸》），较为允当。随"时"者顺随时宜也，就是随其"时"而恰到好处。此之谓"时中"。周易的辩证思维认为，事物的发展可分为初、中、上三阶段，过中则趋于上，上则穷变。为防止正之转邪，兴之转衰，就要注视事物发展的度，力求不过中，以免趋于亢，所以，周易最重视中，而力诫过中。故而卦德不善的如《剥》《归妹》之类，过中更甚。卦德善的，过中则难守。如《复》《中孚》之类。《临》卦首先指出"至于八月有凶"，是瞻望将来，阳长而阴消的局面不会长久，到八月《遁》卦时，便将反转而为阳消而阴长，故曰凶。但六三则说"既忧之，无咎。"意即看到初、二阳长之势将来有变，如能持谦守正，知危而忧，以时中之态应之，亦可免于有咎。六三处于上下卦之际的中间地位，正是对"八月有凶"早期警觉的适当时期。故而爻辞提醒说"既忧之，无咎。"《泰》九三"无平不坡，无往不复"，则是为了保持善境，防止衰变，甫及三爻即提出教诫，以免过中而悔。《丰》象所谓"勿忧，宜日中"，则是当头宣告，日过中则昃，丰过中则衰。其下三爻。皆明而无咎，上三爻皆暗而以求明为吉。所以持明不可过三，亦即不可过中。其警诫之意，同于《泰》卦。总之，对盛事诫以不可过中，以防衰变。对衰事则劝以未中警觉，以防其日趋恶化，所谓"动静不失其时"的时中，就有这样的涵义。

自周易问世、孔子解《易》之后，两千年以来，时的观念早已深入人心。"此一时，彼一时""因时制宜"之类，几乎成为口头的俗语。但追本溯源，试问我国文化中时的概念从何而来，恐怕知者不多。至于它原是蕴涵于周易深处的辩证概念，由孔子发掘出来并加以阐扬，从而流行起来的问题，大约知者会更少吧。

总上所述，可以认定，"时"与"时中"是和"穷则变""极则反""变通者趣者也"以及"知几""知

度"等思想相关联的概念，都是表现周易变化之道的辩证思维的重要内容。

关于量变与质变

如上所述，《乾·坤》与《坤·乾》之互变，表现出阴阳相推而互相转化的规律。用今天的哲语来说，相推属于量变，转化属于质变。十二月卦即蕴涵量变与质变的统一。《坤》从一阴生，积二、三、四、五逐渐向阳发展，至六阳就臻于极点，于是立即发生突变，阳由进而退，阴则绝处逢生，由退而进，再一步一步阴长阳消，待到六阴《坤》卦，阴气满盈后，忽又发生质变，转为阳长阴消。此中，量变质变的情景，在卦爻象上表现得非常鲜明，使人能在直观的感受中领悟到事物辩证发展的规律性。

但是《易》学界有的学者认为，周易只有量变，没有质变，这恐怕不合乎实情。当然，周易当中没有"质变"这样的哲学名词，但质变的象与辞却大量存在。在爻辞方面，第一个例证便是《坤》卦初六的"履霜坚冰至"。依照《乾·坤》互相转化的十二消息卦变来看，《坤》初爻可能视为《乾》阳下生一阴，相当于《姤》䷫卦。阴气虽表现为始生的薄弱状态，但自下而上，处于长进阶段，生机勃勃，必持续增长，经二阴的《遁》䷠、三阴的《否》䷋、四阴的《观》䷓、五阴的《剥》䷖以至六阴的《坤》䷁，达到阴的顶点。这种阴长阳消，阴气趋于强盛的前景，如用天气来作比喻，则一阴初生的情景，恰似深秋的霜降，当下虽不太冷，但瞻望前途，寒气必一步步前进，不至寒冬结为坚冰，不会休止。天气如此，人事亦然。据此阴阳消长的必然规律，周易在一阴方生时，便告诫世人，正如脚踏白霜之际，切不可掉以轻心，无动于衷；要展望将来，要想到坚冰将至，应早作防寒准备那样，对一切邪恶要由小见大，防微杜渐，早为之备，不可姑息养奸，免贻大患。正如王弼所说："遇其忧悔吝之时，其介不可慢也"。邢璹作注说：吉凶之始彰也，存乎微，兆悔吝，纤介虽细，不可慢易而不慎也。"所表达的正是这种从发展中看问题的慎始思想。

对《坤》初爻的涵义，孔子作了深透的阐释。他说：

"履霜坚冰，阴始凝也。驯致其道，至坚冰也。"

21

（《坤》初六《小象》辞）意思是，履霜坚冰表示阴气开始凝结。顺势发展，最终必结为坚冰。他又说：

"积善之家，必有余庆。积不善之家，必有余殃。臣弑其君，子弑其父，非一朝一夕之故，其所由来者，渐矣。由辩之不早辩也。《易》曰：履霜坚冰至，盖言顺也。"（《文言》）

孔子的前段话，是从卦象阴阳消长的规律上讲解《坤》初爻"履霜，坚冰至"的道理。"后一段话，是联系人事，从阴阳消长的规律上所作的阐释。他以沉重的语气告诫人们，周易所谓"履霜坚冰至"的含义是善有善报，恶有恶报，乃必然之理。无论是一场政变或一场家祸，都不是突然造成的偶然事件，而是日积月累，遂渐形成的恶果。所以如此，就是由于当事人未能乃早察觉，防微杜渐，以致暴乱突发，猝不及防而身受其害。孔子还特别以"顺"字对"履霜坚冰至"作了画龙点睛的解释，《小象》所说的"驯致其道"中的"驯"字，就是顺的意思。就是说，如同寒霜之顺其发展必成为坚冰一样，对邪恶若姑息养奸顺其发展，最终必然成为暴乱。孔子这些话的中心思想是说，一切事物的发展都是一点一点遂渐前进的，善果或恶果的出现，不是一朝一夕造成的。所以，积善不已，将来必有善果，积恶不已，将来必有恶报。为此，对邪恶要防微杜渐，如履霜而防坚冰，初冷而备大寒。此中的道理用今天的哲语来讲，大体是说事物的发展是量变到质量的过程，没有朝夕不已的量变，不会有突然发作的质变。

孔子的阐释可以说完全符合周易的思想和事物发展

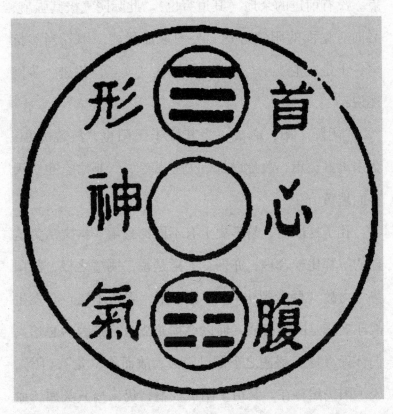

先天卦乾上坤下图，出自清·胡渭《易图明辨》

的辩证规律。尽管周易的原文和孔子的讲解中并没有量变质变的概念，但实质上是蕴涵这种思想的。

其次，再观察一下《坤》卦上六辞象："龙战于野，其血玄黄。"为什么这里出现战斗的形象呢？孔子在《小象》里解释说："龙战于野，其道穷也。"意思是说，阴气从初爻自下而上，发展到上爻已经达到顶点，没有前进的余地（其道穷也）。此际阴气极其强盛，必向对立面的阳气进逼，妄图取而代之。阳气当然抗争，于是发生战斗。对此，孔子在《文言》里进一步阐述说：

"阴疑于阳，必战。为其嫌于无阳也，故称龙焉。犹未离其类焉，故称血焉。夫玄黄者，天地之杂也，天玄而地黄。

孔子这段话，易学史上有不同的理解。本文认为这样的解释比较合理，亦即：大意是说，阴盛之极，与阳势均力敌（疑者拟也），浸逼于阳，阳所不堪，必发生战斗。既是阴阳交战，何以单称龙战？这是因为恐怕人们怀疑（嫌）盛阴之下阳已消失，故而称"龙"（阳），表示阳仍然存在。又由于阴虽极盛，仍未离其类属，血为阴性，故而称"血"。交战的结果，两败俱伤，流血于野，其色青黄。天色青而地色黄，天（阳）地（阴）相斗，故而流血呈现青黄相杂之色。

诸家对孔子这段话的解释尽管存在分歧，却离不开一个共同的核心，那就是阴逼阳，阴阳必战；经过激烈战斗，阴阳的势力必然发生转化。阴由盛极而衰退，阳则由衰极而复兴。阴阳的势力转化，势所必然，这是阴阳互为消长、互相转化的规律所决定的。在这一过程中，一阴浸长至六阴，经六个步骤，积累力量，显然是量的变化。当达到盛极的六阴时，必犯阳逼阳，惹起激战。经过战斗，阴阳形势乃发生逆转，性质便发生突变。这当然属于质变的范畴。《坤》阴是这样由长而盛，盛极而衰，由量变达到质变。相对地，《乾》阳也是如此。《乾》阳来自《坤》阴，一阳复生之后，，由潜及见，由见及乾乾，由乾乾及跃，由跃及飞，由飞及亢，逐步前进，达到旺盛的颠峰。这一步一步的发展，是量的积累、变动，阳的根本性质，并无改变。然而一旦达到"亢龙"（处于极高处的阳）的高位，便不可避免地发生突变，由《乾》阳而转化为《坤》阴。故而《乾》卦上九爻辞曰："亢龙，有悔"。孔子在《小象》里解释说："盈不可久也。"盈，是指九五"飞龙在天"的

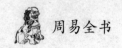

志得意满而言。一旦达到志得意满的状态，如若自骄不已，继续冒进，则必至上位的亢极。极则必反，《乾》阳化为《坤》阴，遂生质变。

由阴阳所代表的一切事物的对立面，都在不停地由缓慢的量变而趋于质变的转化。这一法则，在周易的辞象中还有更高的概括性的比喻。那就是《泰》卦九三爻的"无平不陂，无往不复。"意思是说，所有的平坦道路，发展下去，将来无不转为倾斜。所有前进的事物，发展下去，将来无不转而返回。这两个辞象的直接比喻是指《乾》（天）阳《坤》（地）阴的转化。《乾》上《坤》下，是本来状态。但这个状态绝不是固定的，会发生升降的转变。《乾》天的阳气下降，《坤》地的阴气上升，经过"小（阴）往大（阳）来，"即构成《泰》害卦（《地天泰》）。但阴阳的本性不是静止不动的，是变动不已的，所以乾上坤下的《泰》卦，在下的《乾》阳，逐步前进，经过初位、二位，至于三位时，已到达《乾》天《坤》地的交界线，再发展下去，它必将由下位转而为上位，亦即由《乾》下《坤》上的《泰》卦，转而为《乾》上《坤》下的《否》卦。在阴阳互为消长、极则必变的法则支配下，正如事物之"无

平不陂、无往不复"那样，《泰》《否》之互相转化是
"天理之必然"（程颐《易传》）。从卦象、爻象和辞象
的层面来看，是这样的涵义。而从人事的义理层面来
说，则是告诫人们，处于《泰》（泰平盛世）时，切勿
乐而忘忧，要居安思危，瞻望未来，想到《泰》会变
《否》，"泰平盛世"会变为"闭塞不通"。当此天地交
界（三位为上下卦交接处）之际，应以对处艰难的态
度，保持正直的精神，乾乾不已，居盈保泰，当可免于
忧患。六三爻辞接着说的"艰贞，无咎，"即是此意。
孔子在《小象》中所说的"无往不复，天地际也"，就
是依据象义指出，在三位的上下卦之际，《泰》安已显
出转为《否》塞的苗头，要人们警惕。

　　"无平不陂，无往不复"这一命题，孤立起来看，
其自身似乎只含有对立面必然转化的思想，但放在
《泰》的三位、亦即内卦的最高位来看，它同时也含有，
经过从初到三、从低到高的量变过程，而后使人感到
"无平不陂"的质变之惧。这一点，也表现于告诫的语
调中。就是说，周易提醒人们，不要以为泰平世界就这
样一步一步向前走（初、二、三），永远保持原有状态，
要知道，"无平不陂，无往不复"。平而变质为陂

（偏），往而变质为复（返），是阴阳转化的必然规律，所以要保持"艰贞"，以避免后患。这一告诫，明显地含有量变发展为质变和"物极必反"的思想。

"知几，其神乎"

与量变质变，阴阳转化问题相关联，值得特别指出的是，周易辩证思维所提供的"几"（幾）这个概念。《屯》卦六三爻"即鹿无虞，惟入于林中。君子几，不如舍，往吝。"其中的几字，即可作如是解。全句大意是，追捕山鹿而无向导的官员，看来只有闯入森林而迷失归途。君子预见凶险的朕兆，认为不如舍弃为好；如若盲目前往，必召致困辱，这是对《屯》卦六三爻象义的比喻说法。《屯》卦鹊是水上雷下的屯难之象，在此情境中，六三处于下卦（《震》）之颠，阴处阳位，不居中，且在上下卦相交之际，处境最难，而本身却居于《震》的极点，性情躁动，在"即鹿无虞"之际，也会有闯入林中的危险。据此象义，爻辞作出了警诫。此外，上述《坤》初六的"履霜坚冰至"，也是如此。秋霜是寒气的"动之微，"但却是酷寒（坚冰）将至的朕兆。以阴的喻义来看，这是邪恶将要成灾的苗头，即所谓凶兆。对此有所觉察而加以防范，就是"知几"。所谓动察几微，或"见小曰明"（《道德经》五十二章），即指此而言。周易的《剥》卦裯，也表现出这种思想。初六"剥床以足，蔑贞凶"，象义是阴剥阳，先从卧床的脚剥起，自下而上，邪气嚣张，势欲尽灭正气而后已。对此情况，周易也提出告诫，要人们对事物的始生的微小苗头，万不可掉以轻心。要因小见大，见微知著，要想到"合抱之本，生于毫末"（《道德经》六十四章），有所戒备，以防凶险。"剥床及足"的迹象，是邪恶的动之微。知其"不利有攸往"而备之，即是"知几"。这同"履霜"而虑及"坚冰"一样，都是警诫人们要从量变的信息之初，预见到未来质变成患的危险。至于上述《乾》上九的"亢龙有悔"，《泰》九三的"无平不陂，无往不复，艰贞无咎"，虽非量变伊始而是量变高峰，但也含有"知几"的问题。《乾》阳经潜、见、乾乾、跃而达于飞，正臻于满盈，即量变的高峰，居于此际，应想到"盈不可久"和"物极必反"而保持谦抑和警惕。《泰》之九三也与此类似。阳气自下而上，增长至三，已达到内卦《乾》天之颠、《泰》

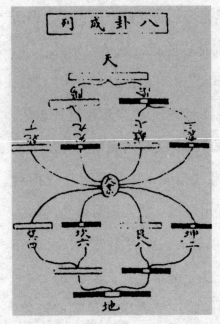

四象生八卦之图，出自元·
张理《易象图说内篇》

运之底部，已萌发《否》运的微苗，阳《泰》将逐渐为阴《否》所取代，《泰·否》之阴阳互变，势所难免。必须在此《泰》阳冉冉上升趋于顶峰的前夕，自其量变高峰中预见其质变的必然趋势，事先采取谨慎艰贞的态度，持盈保泰，以防止过份而受害。总之，以周易的思维来讲，无论在事物的量变初始阶段，或在成长壮大的量变高峰时刻，凡是预示未来质变的朕兆，都属于"几"的范畴。在突发的质变尚未到来之前，能够事先以辩证的发展目光看到它的预兆，就是一种"知几"的修养。孔子认为，周易的"极深而研几"（《系辞上》十章）能赋予人以这样料事如神的思维能力。所以他感叹说："知几，其神乎！"对善于捕捉事几，洞察趋势，预见未来，有备无患的知能，给予神的称号。他认为君子应该从周易中汲取这种"知几"的本领。他接着说："君子见几而作，不俟终日。《易》曰：'介于石，不终日，贞吉'。介如石焉，宁用终日！断可识矣。君子知微知彰，知柔知刚，万夫之望"（以上《系辞下》五章）。意思是说，君子发现事情的先兆，就应当立即行动，不必迟疑而等到晚上。正如周易《豫》卦六二所说，在豫乐的环境中，诸爻皆系于主爻九三，溺于欢娱，唯独六二以中正之身，守志不移，其坚如石，并善于见几而作，当机立断，绝不犹疑，不待日终。君子就应该这样，对事物之运行，由其几微而预见其彰著，由其柔弱而想见其刚强，这样的智能才合乎万民的期望。从这番话中，可以体会到，在孔子的《易》学思想中，"几"是埋伏在事物发展底流的微妙信号。及时抓住这种信号，便能洞察事物未来的变化而采取对策。故而孔子一面说"知几，其神乎"，同时又说，"知变化之道者，其知神之所为乎"（《系辞上》八章），把"几"归属于变化的规律，把知几的灵效，形容为造化的神妙。甚至于，在孔子看来，"几"乃是周易所探究而致用的主要对象。他言："夫《易》，圣人之所以极深而研几也。唯深也，故能通天下之志，唯几也，故能成天下之务。"（《系辞上》十章）何谓"深"？何谓"几"？韩康伯注解说："极未形之理则曰深，适动微之会则曰几。"就是说，极深地探究无形的规律，叫作"深"。及时抓住事物微妙变动的瞬间朕兆，叫作"几"。换言之，孔子认为周易就是探索研究事物的发展规律和变化朕兆的书。唯有掌握这些规律，才能通晓天下万事万物的道理；唯其具有知几的本领，才能成就天下的事业。可见，在孔子心目中，"几"的道理和功能在周易的辩证思维中占有如何重要的地位。实际也是如此，如上例所示，在讲求阴阳变化之道的周易中，无论是履霜、剥足的渐变量变，还是龙战于野、亢龙有悔的突变质变，在变的流程中，都有个"几"的关节，都有个知几以制变的对策问题。

量变质变的思想，不仅存在于卦爻变动中，也存在于卦序演进中。以上经前十一卦为例，可以说，《乾》《坤》生成万物之后，"《屯》作君，《蒙》作师，《需》以养民，《讼》以刑政，《师》武，《比》文，《小畜》富，《履》礼，而《泰》运成矣。"（朱骏声《六十四卦经解》）这些卦中，前十卦展开的序列，表现出社会文明逐步进化的过程，可谓属于量变的范畴。有了逐步进化的量变达到一定的高度，就出现泰平盛世——《泰》，《泰》是前十卦文明进化量变结果造成的质变。另外，从卦序的演进全程来看，《乾》《坤》之间、《坎》《离》之间、《损》《益》之间《革》《鼎》之间，在卦象的阴阳上和内涵的义理上，都表现出十分明显的质变关系。

综合上述，可见在讲究变化的周易当中，量变质变、质量互变的要素不仅存在，而且占有支配地位，而这些要素正是辩证思维的精髓，故而从这方面来看，也应该承认周易思维的主体是辩证思维。

但是，尽管思维实际是这样，但周易本身，包括孔传乃至后代的《易》学当中，并没有量变质变、量变导致质变这样明确的哲学概念。孔传中只有"亢龙有悔，盈不可久"（《乾》上九《小象》，"亢龙有悔，与时偕极"（《乾》上九《文言》），"龙战于野，其道穷也。"（《坤》上六《文言》，以及"履霜坚冰，阴始凝也，顺致其道，至坚冰也"（《坤》初《小象》）这类内涵其意的解说。最高位的概括，只达到"穷则变"（《系辞下》二章）的程度。老子只是说"反者道之动"（《道德经》四十章），也没说清楚。至于进一步把这个内在思想以精练的哲学语言概括为"物极必反"，乃是后代学者的创造，据说是出自周代鹖冠子》中的"物极则反，命曰环流，"但那是伪作，不足凭信。大概汉代京房《易》传》所说的"物不可极，极则反"，应该是周易所涵量变最终必导致质变这一思想最早的哲学概括。接下来唐代孔颖达把它简化为"物极则反"（《周易本义》），宋代欧阳修则提出了"物极而必反"的命题，在表达周易量变导致质变的内涵上，达到较为明确的地步，并且逐渐流传开来，成为自古迄今中国一句通俗的辩证铭言。

周易的辩证思维内容丰富。上面所涉及的阴阳两点论、阴阳对立统一体、阴阳互交、互变、量变质变、几、极则反、度、时、中等，是其中较为显著的部分。总起来说，其中心内容就是现代哲学所说的对立面统一的规律。孔子所说的"一阴一阳之谓道"，《庄子·天下篇》所说的"《易》以道阴阳"，乃至司马迁所说的"《易》以道化"等，实质上，也就是意味着周易所讲的辩证思维的矛盾统一律。出现于三千年前的周易，其辩证思维虽然精神实质和现代哲学相近似，但作为人类早期辩证思维的鼻祖，作为上古亚洲中华文化的精品，自然具有一些独自的特色。

天人合一

中国传统文化所特有的天人合一的世界观，是周易辩证思想的理论基础。周易象体的基因一阴一阳，既是大自然（天）的法则，也是人间的法则。八卦是宇宙的

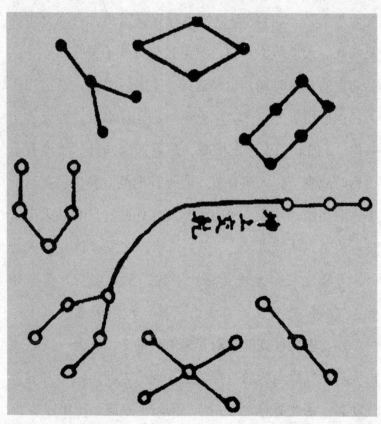

艮为少男图，出自宋·刘牧《易数钩隐图》

缩影，也是人世的聚焦。周易始于《乾》《坤》，《乾》《坤》相依相交而衍生六十四卦。这既象征天地相依相交而生万物，同时也象征父（乾）母（坤）相依相交而生子女。周易终于《即济》《未济》，这既象征大自然（天地）生化万物，终而复始，无有尽期，也象征人间万事终始相继，永无休止。《屯》的情境为"刚柔始交而难生"，大自然万物始生时充满困难，人间万事亦复如此。天地始生万物，萌芽时节必处于蒙昧状态，人类初生的童稚时期，也是这样，《蒙》之义，既适用于天，也适用于人。《坎》《离》之日月水火，为天人所共用，《损》《益》之增减，是天人所同行。天地有节而后时成季节，人间有节才能行有规范，大自然在运行中去旧布新，才能造成四季，人亦如此。只有顺天应人进行改革，才能进步。《节》《革》之义，体现天人合一。万物之交，无咸（感）不成，男女之交，重在相感：《咸》之卦义，表现出《易》理融天理人理于一炉。前文多次谈到的阴阳互为消长的十二辟卦，既表现出大自然气象运行的节奏，也表现出人间十二个月的节气动态。如此等等，天人合一的辩证思维，比比皆是。

另外，周易立象的主旨在于喻意明理。所取之象，也是"推天道以明人事"。《乾》为天为父,《坤》为地为母,《震》为雷为长子,《巽》为风为长女,《坎》为水为中男,《离》为火为中女,《艮》为山为少男,《兑》为泽为少女:八卦之象亦天亦人,合二而一。基于八卦而演成的六十四卦三百八十四爻之象,包括辞象也莫不如此。以《乾》卦论,其卦时为阳气演进的情境。潜、见、乾乾、跃、飞、亢六个量变阶段,基本情况是喻之以龙,谓之"六龙时位"。借大自然的神奇动物,表现圣者之德,亦即借天喻人,体现正气(阳气)伸长的辩证历程。其中,伺机而动(几)、适时而动(时)、持盈知度、中和保泰、穷则质变、物极则反等辩证思想,既由龙体现,也融以君子之象(三爻),天乎?人乎?二而一、一而二也。纯阴之象的《坤》也不例外。既以天气演变之朕兆,比喻邪恶增长的苗头,表现出量变发展为质变的规律,以及量变有其朕兆"几"的规律,从而提出以先见之明预防灾祸的对策,这是借天象以明人事。但同时《坤》卦也就人事讲阴顺之德,六三"或从王事,无成有终",六四"括囊,无誉无咎",六五"黄裳元吉"等皆是。但上六又转而借天喻人,以"龙战于野,其血玄黄"表现物极必反的规律,忽天忽

此乾一、兑二、离三、震四、五、坎六、艮七、坤八为先天数个代表性的场景。三百八十四爻则描绘这种情境与场境的各种各样的变化，表现其中辩证发展的规律，并提出依据这种规律而行动的准则。全部周易，是天人规律的融合，也是行动准则的集合。如果我们高兴的话，完全可以去掉周易的占筮外貌，剔出其中天人合一的哲理，用论述式的语言，把它写成六十四篇论文，写成一部以辩证规律指导人们立身行事的哲理·伦理书。

人，天人一如。我们阅读周易时，从头到尾处处深感它在灵活地运用辩证思维的规律谈天说人，而谈天是为了说人。包括其中的鬼谋（占筮），也是为了人谋。六十四卦是阴阳《乾》《坤》所演变成的宇宙六十四个代表性的情境，也是阴阳男女所衍化成的人间六十四

由此我们看到，周易这部中国最早出现的经书，它

的悲天悯人、兴教治世的思想，它的务实致用知行合一、不落玄虚的精神，对后代的学术思想乃至社会思想，都发生了极其深远的正面影响。正如历史学家司马谈所说："夫阴阳、儒、墨、名、法、道德，此务为治者也。"（《论六家要旨》）先秦的各家思想，归根结底都是修身治国，而非出世谈玄。这当然和周易的人谋影响不无关系。也许周易这种影响深入社会各行各业后，对防止中国演变成宗教国家，起了一定的作用，也未可知。

正因为周易是建立在天人合一思想基础上的以阴阳为基因而构成的宇宙与人世的缩影，所以它的八卦乃至六十四的演变过程和演成的图象，全是出乎自然，不假造作，条理分明，秩序井然，融洽和谐，浑然一体。在这一点上，孔子所说的《易》有太极，是生两仪（阴阳），两仪生四象，四象生八卦（包括六十四卦）"，是精辟确当之论。它说明，《易》体是阴阳二基因互依互交、相推相攻而自己"生出来的（其中的太极，也可视为阴阳二象的首画），是阴阳二基因相反相成、自我发展而生成的观点，是符合对立面统一与斗争的辩证思维的根本规律的。它把周易象体的形成，提到宇宙万有的

自我造化和人间万物的自我生成这样的高度来认识，对理解周易之所以呈现天人合一的缩影，之所以具有条理严谨而又灵活多变，头绪纷繁而又密切相联的有机体，之所以成为完整的辩证思维的思想体系，是一个升堂入室的关键。

扼要地说，正如宇宙人间都是循阴阳之道自我生成，并井然有序而运行不已的浑然一体一样，循天人之理而自我生成的《易》象思想体系，亦复如此。这一点，《易》卦的各种图象都表现得十分清晰。为避免重复，这里仅举所谓先天八卦图（见图）作代表，略加说明。

此图虽然非周易原经所有，而是宋人所拟制，但它是有根据的，完全符合周易的原理。它的根据是《说卦》和《系辞》。《说卦》第三章说："天地定位，山泽通气，雷风相薄，水火不相射（害）"勾画出一个《乾》（天）《坤》（地）《艮》（山）《兑》（泽）《震》（雷）《巽》（风）《坎》（水）《离》（火）的八卦图。孔子在《系辞》伊始说："天尊地卑，《乾》《坤》定矣，卑高以陈，贵贱位矣。动静有常，刚柔断矣。方以类聚，物以群分，吉凶生矣。在天成象，在地成形，变化见矣。是故刚柔相摩，八卦相荡，鼓之经雷霆，润之以风雨。日月运行，一寒一暑，《乾》道成男，《坤》道成女。"云云，看样子似乎是对八卦图所作的阐释。实情如何，姑置勿论，究极言之，此图确实直观地体现出《易》体的灵魂。

具体说，此图以简洁的神来之笔，鲜明地勾画出一个以《乾》天《坤》地为中轴而展开的《艮》山《兑》泽《震》雷《巽》风《坎》水《离》火等八种四组互相对待的物质及其象征的事物与情性。图表清晰地表现出，宇宙万有包括天地和天地之间的人世在内，根本上都以阴（－－）阳（—）为基因而构成，并且其形体的脉胳，都是有条有理，一丝不乱。同时还直观地表现出宇宙万有都是双双对对的矛盾的统一体，没有不含矛盾的独立自足的单一体。另外，图象还表明，这个以阴阳为基本，以《乾》《坤》为中轴而派生的八种四组代表性物质，虽有一定位置，但不是静止不动的，它们蕴涵着阴阳之气盛衰消长的机运。由《震》经《离》《兑》至《乾》，象征阳气由微、壮而至于盛。由《巽》经《坎》《艮》至《坤》，象征阴气由微、壮而至于盛。天地、日月、季节、动植物、人物、莫不如此，都具有

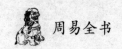

生、长、壮、衰、老、死的历程，这是天地之则，也是天人之则。正如程颐所说："远在六合之外，近在一身之中，暂于瞬息，微于动静，……其道至大而无不包，其用至神而无不存"（《易传·易序》）。这样，一个有理有序而又千变万化的广大无垠的宇宙（包括人间），就以缩影的方式纳入一个简而赅的八卦图象之中，这个图象正是周易思想体系的骨骼及其灵魂。其他后天八卦图，以及由先后天八卦图所推绎出来的方圆图之类，虽模式有异，但性质相似，可以类推，无须赘述。

上述总总，足见周易的辩证思维是建立在天人合一的世界观和人生观的基础上的。当然，在周易中不仅辩证思维如此，其他形式思维、象数思维、模糊思维等，也莫不如此。因为天人合一、推天道以明人事，是周易全部思想的根基。

寓理于占

周易的所有思想内容，都蕴于占筮的面貌之内。其辩证思维也是这样。

前面说过，辩证思维是从对立面统一所造成的变动中观察事物的，周易以阴阳的相反相成来看待一切，当然讲求变易，变是《易》体的灵魂。除《易》名以变义标榜之外，《易》卦三百八十四爻之或阴或阳，亦皆冠以变数，或六或九。按筮法，九为老阳，七为少阳；八为少阴，六为老阴，老变少不变。周易讲变，故其阳爻皆用九，阴爻皆用六。据说周易出现前《连山》《归藏》的筮法，用"七、八"不用"九、六"，讲"定"（宿命）不讲变。撇开天定的不变之数"七、八"，以阴阳的变数"九、六"来占测未来这一点，应视为筮法曲折地反映事物辩证本性的一大进步。一阴一阳互依互交，相推相摩，必然发生变动，发生转化。这既是天之道，人之道，也是筮之道。而周易所有卦爻所蕴涵的天人之道，也表现于筮之道中，从阴爻用六阳爻用九的外貌中，也可见其端倪。唯其阳爻用九，《乾》阳才能自潜趋亢，六龙时位，由量变达到质变，穷极而转为《坤》阴，而以《乾》之刚健融入《坤》阴之柔顺，故曰"见群龙无首，吉"。《坤》阴之用六，亦取变义。唯其用六，才能由"霜"及"冰"，实现量变到质变，穷极而变，与阳搏斗，造成"龙战于野，其血玄黄"的激变场景。用六所谓"利永贞"，即表示阴转化为阳后，以柔顺之质永保阳刚之性，最为有利。由此可见，作为《易》蕴的《乾·坤》这个阴阳对立统一体，其运动发展所反映出的事物质量之变、穷极必反和互相转化的辩证规律，是透过用九用六的筮法变数而表现出来的。不难设想，假若从每卦上取消了"九""六"的变数，那么阴阳的爻象立即失去生命而成为六具"僵尸"。卦爻间的位、中、正、应、承、比、时等有机联系将完全丧失；六个爻象占辞，将各自为政，无以贯通，当真成为一堆筮辞的杂拌，而不是喻示象义的创作。正如黑格尔在《美学》中所说的一匹马和一堆乱石的区别。一匹马之所以美，正由于它有生命，一堆乱石之所以不美，就在于它没有灵魂。由具有九六变义的阴阳爻所构成的卦，等于有生命的马；如有与此相反的卦，那将等于一堆乱石。因此，周易采取九、六变数以为阴阳的属性而起卦占卦，以占筮的方式，展开辩证思维，寓理于占，实为古今中外占术空前绝后的独到之处。

如上所述，天人合一的思想是周易的理论基础。整体如此，每卦也如此。六十四卦，卦卦都蕴涵三个层面，三种语言。第一个层面是天（大自然，包括动植物），如《乾》象夬代表天、木果、马、冰等，《坤》

象妨代表地、牛等，《震》象锜代表雷、龙、萑苇等，《巽》象僕代表风、木、等。如此这般，八卦卦象涵有象征自然的层面，八卦所组成的六十四卦当然也是这样。第二个层面是人（人事），如《乾》象代表君、父、首之类，《坤》象代表母、腹、布、文之类，《震》象代表长子、大涂之类，《巽》象代表长女、工、寡发、广颡之类。第三个层面是占，如《乾》象为"元亨利贞"的阳健情境，《坤》象为"元亨利牝马之贞"的阴顺情境，《雷》象的卦情是，"亨，震来虩虩，笑言哑哑。震惊百里，不丧匕鬯"（雷声震动，天下亨通。震雷骤至，戒惧慎行，而后可获吉利而欢笑。虽震雷惊动百里，但虔诚致祭的长子，却从容镇定，手中的酒匙不会落掉）。《巽》象的情境是"小亨，利有攸往，利见大人。"

这样，每卦涵有天、人、占三个层面，三层意义，三种语言。它们相辅相成，又相对独立。如依性质细分，"占"也属于人事，综合观之，仍然只有二层，即天层人层，而天不离人，人不离天，仍以天人合一为归趋。而自外貌观之，天人合一的内涵，皆取占筮的形志。

前文讨论《易》占问题时，曾谈过它的非理无占的特性。所谓理，也是天理（大自然的一阴一阳之道）与人理（人事的一阴一阳之道）的融合，都属于对立面统一的宇宙基本规律。如阴阳互依互交互为消长转化的规律，即表现于日月轮换与寒署交替，同时也表现于正气与邪气，君子与小人之间互相渗透，互为兴衰的关系。十二辟卦就是这样，其中的《剥》之阴剥阳，阴盛阳衰，《复》卦之阳复生，阴消阳长，《夬》卦之五阳决一阴，阳亢至极，《姤》卦之一阴复长而阳势趋退，等等，天理人理，融为一理，成为周易的实质内涵。周易的教化主旨即以此理为本，周易的占筮也以此理为根。反言之，此理的运行及其教诫作用，也是以占筮的面貌表现于世。义理的内涵与占筮的面貌合为一体，也是周易辩证思维的一个特色。

周易内涵渊奥，实是一经而括三书：讲阴阳之道，是哲学书；据阴阳之道讲教化，是伦理书；据阴阳之道而预测吉凶，是占筮书。这三者归一，已是他经所无，而以占筮的面貌出现，更显示为独一无二的奇书

但是，正如前文所述，周易之道阴阳（天），讲占筮（鬼），归根结底是明理而归于教化（人）。故而虽

是筮书，却以明理训教为本。非理无占，是它占筮的根本准则。只有依据这一准则来研读周易的象数文辞，才能看清它的真实面目。正因为周易言天、鬼而归于人，旨在教化，所以六十四卦三百八十四爻，无一处不涉及立身行事之道。从哲理上讲，就是涉及主观与客观的辩证关系，如《乾》卦讲处乾健之计，《坤》卦讲处坤顺之计，《蒙》卦讲处蒙时之计，《需》卦讲处险境之计，《师》卦讲行兵之计，《泰》卦讲保泰之计，《否》卦讲出否之计，等等，全部周易始终如此。下面仅举数例，试作探讨。

首先谈谈《需》卦鸣。

"需"是等待之意。从象义分析，下为《乾》天，上为《坎》水，象征云上于天，天上有水。但阴阳始交，尚待薰蒸而后成雨。天水成雨落地，还需等待。这是指天道而言，是《需》的象义之一。再有《坎》性险，《乾》性健，《坎》在《乾》上，象征乾之健进，遇有风险，面对风险，不可冒然挺进，以免陷于险中，应耐心颐养，静待时机。这是指人事而言，是《需》的象义之二。总之，都是说时机未到，需要等待。就主客观的关系而言，所谓等待，有两种情况，一种是面对客观困难经主观努力，可以及时解决而犹豫不决，以致错过大好时机而陷于失败。这种当断不断的等待，就是《左传·哀公十四年》所痛斥的"需，贼也。"（傻等，碍事）。另一种等待，是面对客观困难，解决的时机尚不成熟，如水在天上尚未成雨，或如巨险当前，战胜它的条件尚不具备。此时此际，养精蓄锐，艰忍待时，才是上策。《需》之等待，是后一种。孔子反对"暴虎凭河，"主张"好谋而成"（《论语·述而》)，就含有此意。就是说，办大事要审时度势，主客观条件不具备，时机不成熟，不可轻举妄动；应安心休养，耐心等待。时行则行，时止则止，不动则已，动则必成。这是积极的等待，而不是消极的等待。所以《需》

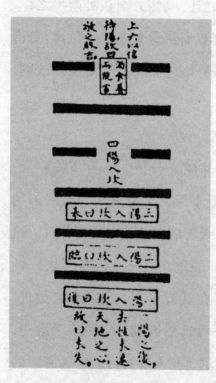

需须图，

出自宋·佚名《周易图》

的卦辞说："需，有孚，光亨，贞吉，利涉大川。"意思是说，在云上于天，险阻在前的时空情况下，中心充满诚信，养晦待机，前途必光明而亨通。守正不移，必吉利无疑。如此，则时机一到，必能如涉渡大川一样，克服困难而成就大业。一句话，《需》卦告诉人们，在主观努力和客观困难相对立的情况下，待机而动是取胜的必要条件。

这里，值得注意的是，"需"这种审时度势，颐养待时，静中涵动，以守为攻的辩证思想，不是以文章的形式写出，而是以占筮的面貌出现，表现为卦象卦辞爻象爻辞在上下两体六位中的有机汇合。并且以特定的占辞（亨、吉、利涉大川），表达教诫。对此，还要反复申明，在这里占筮之所以称为外貌，就因为它的骨子里是"需以待时"之理，只是理的内涵外化为占筮的面貌而已。虽然揲筮求卦而遇《需》卦，好象《需》卦生于筮数，但抽象之筮数，焉能生出具体的《需》卦之理？《需》卦之理是来自辩证思维对实践的概括，当无疑义。尤其是，撇开揲筮，单据实情引证《易》理而论事，春秋时代早已有之。孔子在《系辞》中所讲的"观象玩占"和对卦爻的大量分析，都足以证明《易》

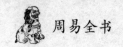

理以占筮为貌，无占理在，无理占亡。

《需》卦待机而动，量力而行的思想，在某些卦爻中得到了反面的证实。

——《履》咙六三"眇能视，跛能履，履虎尾，咥人，凶。

意思是说，六三爻既不中又不正，本性柔弱而踞于阳刚之位，本无健才却逞强自专，眼眇而硬看，足跛而强行。如此而又尾随老虎之后，必遭咬啮。凶。

这一辞象，活画出一个志大才疏、逞强妄为的人所遭到的可悲下场，借以喻示办事要考虑主客观双方面的条件，量力而为，万不可一意孤行，召致失败。

——《睽》鹝六三"见舆曳，其牛掣，其人天且劓"，描写一个莽汉，看见大车便拼命往后扯，拉车的牛却尽力往前挣，使他一下子闪倒在地，擦伤了额头和鼻子，如同受了刺额割鼻的刑罚。

这也和《履》六三爻一样，都表示无视客观困难，只知逞强好胜，必导致恶果。

表现此类思想的卦爻例还有很多，意义相似，无需赘举。总之，在对待主客观关系上审时度势、量力而行的人事法则，就是这样蕴涵于象、数、位、辞所构成的占筮形态之中，并以占筮形态表现出来。其他进德修业立身处世的辩证性法则，如前述知进知退的两点论、知几、知度、知时、知中的应变法则等等，无一不是以理为实而以占为貌。

故此，周易任何卦爻的象和辞，无论是否含有占断语，都可以从哲理层面或占筮层面作出两种性质不同的解释。例如：从义理上说，《革》的卦象䷰是《兑》上《离》下，火水不相容，互为灭熄，象征对立面你死我活的斗争，必引起革命。革命的关键何在？卦辞说："已日乃孚，元亨，利贞，悔亡。"就是说，革命是除旧布新的重大举措。不可率尔行事。必须旧势力已经腐朽至极，时机已经成熟，准备已经充分，并获得民众的信任之后发难，如此摧枯拉朽，除弊去恶，则前景大为亨通。但利于坚持正道，贞固不移，当可成功而无悔恨之虞。这是扼要地指出革命之道的重要法则和关键大计，也是揭示《革》卦的主旨。其中的初爻"巩用黄牛之革"表示，初九居于初时，处于低位，以阳刚而居《离》体，有火暴躁动之性，不宜于革，应如黄牛的中顺之性，以坚韧的牛皮自包自裹，以免轻举妄动。六二"已日乃革之，征吉，无咎"，是说六二柔顺中正，居于

《离》中，为文明之主，上有九五应援，已到发动革命的成熟时机，此时发动，勇往直前，吉而无咎。九三"征凶，贞厉，革言三就，有孚"，是表示九三阳居阳位，过刚不中，易于躁动，如此冒进，虽坚持正道，也不免风险。此际唯一的上策是对革命大计进行反复多次慎重的研讨，达到足以使民众信赖的程度，然后深入革命，才是可靠的办法。九四"悔亡，有孚改命，吉"，表明九四的阳居阴，不正，本有悔象。但卦已过中，九四处下体之上、水火交接之际，革远已成，志在必行，故而得以悔亡而见信于众，革除旧命，而获吉祥。九五"大人虎变，有孚改命，吉"，是说九五中正而居尊位，是大人之象。以大人之德，顺天应人，推行变革，威势如虎，大公至正，文彩焕然。其信誉必大行于天下，不占可知。上六"君子豹变，小人革面，征凶，居贞吉"，是说上六在革命已经成功之后，君子阴居阴位，处《革》体之极，当革道已成之时，应辅佐九五大人，在虎变之下展开豹变，亦即在大改大变、文彩焕然如虎变的崭新局面下，应继业守成，润色新政，文理蔚然，如同豹变，引导庶民，改变守旧倾向。在此改天换地的大动荡之后，如激进不已，则前途凶险。守成建业，坚定不移，是吉祥之路。总而言之，前三爻着重讲革命要审时度势，谨慎行事。后三爻着重讲革命的美绩与守成建业的重要。全卦以审时度势，取信于民，除旧立新，谨慎从事，为革命成功的主要准则，并教诫指导革命的人，必须遵守这一准则，否则必败。这一准则既符合革命的客观规律，也符合革命者的行动规律。这是《革》卦的义理。但这一义理的表现，也可与占筮解卦携手并进。亦即经过揲蓍问卜，遇到《革》卦之后，如无变爻，即着重看卦辞的革道大意，而据以决疑。倘有变爻，如初九变阴爻，《革》卦即变成《咸》卦，可将革卦初爻"巩用黄牛之革"和《咸》卦初爻"咸其拇"以及两卦卦象参照并绎。《革》初九以不动为好，《咸》初六则欲进不能。据此而占，则作出"居贞吉，勿用有攸往"之类的断语。其他

伏羲八卦图，出自宋·朱熹《周易启蒙》

爻变，大致也可如此占断。显然，占断是依据上述卦爻内涵的革道之理而作出的。除揲蓍求卦的筮法之外，其他占释都与义理阐释实质上并无差异。卦爻的象数占辞等，只是周易表达义理的形式和运用辩证思维的外貌而已。

由此观之，孔子和荀子虽然精通周易却不主张占筮，是有道理的。因为对于洞晓《易》理的人来说，占筮也只是观理的特殊工具而已，并非凭依鬼神的决疑手段。

寓理于象

如前文所述，周易的象可分为两种：一种是以阴阳二象为本的卦象爻象，另一种是缀于卦象爻象的辞象。二者均蕴涵哲理，前者为本，后者为喻理的手段。从本质上说，二者是表里一如的关系。

众所周知，阴阳是宇宙的究竟本质，阴阳所形成的八卦则是宇宙的缩影、万物的镜象。故而八卦乃至六十四卦之象，包括附缀的辞象，理所当然地反映出宇宙的基本规律和人世的基本法则。孔子在《系辞》里说

"《易》者象也，象也者像也"。"圣人有以见天下之赜，而拟诸其形容，象其物宜，是故谓之象"。"圣人立象以尽意"。这三句话联起来看，是说《易》是象，是近似物情之象，作《易》的圣人发现隐伏天下繁杂事物深处的道理，便拟造适于表现这些道理的形象，这就叫作象。立象的目的，是为完全表达圣人依理劝世的思想。扼要地说，在孔子的心目中，周易就是一部以象喻理从而教化世人的经书。这个认识是完全正确的，因为理在象中，舍象无理。王弼的得意忘象和扫象说《易》，对摆脱汉《易》象数派之穿凿附会，有其积极的一面，但究属以老解《易》，失之一偏。解《易》应按其本来面目，以义理为主，即象言理，殆为正途。

仅就前举各例来说，这一点已非常明显。《乾》以六龙时位之象，表现阳气由潜及亢的运行规律。倘无初位地下之象，则潜龙之时义不深，"勿用"之教诫亦将浮光掠影。倘无上位臻于顶峰之象，则物极必反之理和亢龙有悔之戒，亦不能以直观形象落到实处（此间龙象由初之潜至上亢六个阶段，含数在内，应为象数，以象代之，简称象）。《坤》卦所涵的量变到质变的阴长阳消和阴阳转化的规律，也是借履霜坚冰至以至龙战于

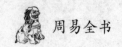

野，其血玄黄的辞象表现出来的。《泰》九三则以无平不陂，无往不复之象，喻示阴阳互为转化的法则。见几而行，见微知著的应变之计，涵于《屯》六三"即鹿无虞，惟入于林中。君子几，不如舍，往吝"的辞象中。《丰》"勿忧，宜日中"之象，表达持盈保泰的知度之计。《豫》以上锜（雷）下妮（地）的卦象，上动下顺的象义，和"利建侯行师"的辞象，表达宇宙人间万事万物，必须顺应规律而动才能获得成功的道理。同时，六十四卦三百八十四爻都是卦有卦时，爻有爻时，而无论卦或爻都有象（包括辞象），所以一定的时空情所构成的"时"的思想以及适时而动的应"时"之计，都通过象（卦象爻象辞象）及其相关的数而表现于外。换言之，周易的辩证思维是和象数思维融于一炉而通过象数的面貌表现出来的，这也是它的特色之一。详见前文，勿需重述。

有褒有贬

从根本性质来说，周易的阴阳相反相成之道，属于现代辩证法所谓对立统一律。但就个性来说，它还有极其鲜明的特色，褒贬性也是其中之一。

对立统一律，又称矛盾统一律，它所讲的事物都有对立面，对立面既统一又斗争，从而促进事物的发展变化，这同周易所讲的任何事物都由阴阳互依互攻而发生演变，基本精神是一致的。但是周易所谈的阴阳两面，却同矛盾统一律所说对立面，色彩有很大差异。矛盾统一律所谓矛与盾两个对立面，是客观的，中性的，并不带有道德性质与感情色彩。而周易的阴阳之道则不同，它含有融化理性、道德与感情于一炉的褒贬性，对阴阳两个对立面，不是客观地平等看待，而是区别对待。

在周易的辩证思维中，阴阳两端不仅象征事物的对立面，而且象征对立面的道德性质。

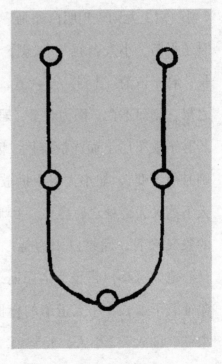

震为木图，
阳为君子，阴为小人，出自宋·刘牧《易数钩隐图》

阳为正，阴为邪，阳为光明，阴为黑暗，阳为大，阴为
小，等等。总之，本质上以阳为善，以阴为恶，这就是
易学上所谓"阳淑阴慝"。

六十四卦伊始，已经露出端倪。《乾》阳以龙德之
君子（九三"君子经日乾乾)，倍受钦敬。《坤》阴则
以"坚冰"之虞，遭到提防。虽未以君子小人对举，但
其以阳为淑，以阴为慝之意，业已跃然纸上。这一点
《剥》褙上九则表现明白如画。其辞象曰："硕果不食。
君子得舆，小人剥庐"。《剥》卦义为阴剥阳，小人道
长，君子道消。《剥》至六五，上端仅余一阳，如硕大
之果，剥而不亡。阳为君子，君子居上而不亡。其卦象
若君子乘车居上而泽洽黎民。阴为小人，倘上九变阴，
则卦象大变，，如小人将庐拆散褙有房屋零散之象，则
天下蒸民无寄身之庐舍矣。《剥》上九以君子小人对举
的象义来看，周易以阳为善，以阴为恶之意，更无疑
义。他如《泰》晋象为内阳而外阴，内君子而外小人，
象征君子道长，小人道消的盛世。《否》跛象则相反，
象征"匪人"（小人）得势而"不利君子贞"的衰世。
阳淑阴慝之情，表露无遗。

在阳淑阴慝的思想支配下，周易便产生了所谓扶阳

抑阴的倾向。本来，周易经文中不见阴阳二字，阴阳的观念是寓于爻象之内的，是孔子在解释《乾》《坤》两卦初爻的象义时，首先揭示出来的。（当然孔子是依据传统观念）他说《乾》初九的象义是"阳在下"也，又说《坤》初六的象义是"阴始凝也"。《乾》阳《坤》阴之说，自然符合周易的实际。同时，孔子的解释也意味着，期望阳气待"时"而进和警惕阴气随"时"发展。一以期望，一以警惕，其扶阳抑阴之念，溢于言表。这也是周易原有的思想倾向，并不是孔子的引申。看看《坤》上六"龙战于野，其血玄黄"，即可明了。《坤》上六本来 是阴发展到极盛，转顺为逆，对阳抗衡，遂造成阴阳大战。但辞象却不说阴阳大战，而说"龙战于野"，以龙阳为体。其扶阳抑阴之心，不言而喻。可见扶阳抑阴是周易原有的思想倾向，尽管经文没有直说，涵义确实如此。他如《剥》《夬》对比来看，这种倾向也很强劲。《剥》是阴盛阳衰，群阴剥阳殆尽的情境，尽管如此，周易却认为阳无衰亡之理，故而保留一阳，"硕果不食"，以便果核坠地，转而复生，于是一阳独复，成为《复》卦。但对比观之，周易在《夬》卦蹊中对五阳一阴，对消亡殆尽的阴，却采取了相反的

态度。《姤》上六"无号，终有凶"，即表示阳已决心，不将阴邪的小人消除净尽，决不罢休。小人无须号咷大哭，终必有凶。余一阳则硕果不食；余一阴，则无号有凶：扶衰阳（正气）使之复生，除衰阴（邪气）务求必尽，周易扶阳抑阴之志，可谓旗帜鲜明。《复》与《姤》对比看来，亦复如此。《复》䷗为一阳独复于初，《姤》䷫为一阴再生于初。但《复》初九为"不远复，无祗悔，元吉"，对一阳独复，持肯定、鼓励和赞颂的态度。而《姤》初六则为"女壮，勿用取女"，对一阴再生，持否定与警戒的态度，其扶阳抑阴之意，不待言而自明。再如《大壮》䷡九三"小人用壮，君子用罔"，也是这样。意思是在《大壮》的情境中，阳刚盛壮，已至当止则止的地步。九三以阳刚而居阳位，在下体之巅，过刚不中，不宜猛进。此时此际，阴邪的小人将恃刚用壮，侵凌于物，以致遭灾。而阳正的君子则将观时静处，不为过壮之举。其扶阳抑阴之意，和前举各卦相同。

正因为周易有阳淑阴慝的思想，所以扶阳抑阴观念的发生，也是理所当然。同时，喜阳恶阴，褒阳贬阴的感情随之而生，也便顺理成章。这种情况，上举各卦爻

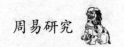

例，已经表现得清清楚楚。

但是另一方面必须认识清楚，在周易的思想中所谓阳淑阴慝、扶阳抑阴云云，并不是说，任何场合阳都善阴都恶，都应扶阳抑阴，都要喜阳恶阴。这里也有个时、空、情的条件问题，也是因时制宜，因地制宜，因事制宜。《乾》之阳龙象君子、大人之德，可谓善之善矣，然上九"亢龙"，穷极之灾，动必"有悔"，则又反善为不善矣。《乾》阳九五大善，上九不善，善或不善，在于"时"，亦即因时空情之不同而不同，并非固定不变。《讼》上九"或锡之盘带，终朝三褫之"，表示上九居高临下，以阳刚健猛之才，穷极于争讼，必无好下场。即使胜讼有赏，也是仇争所得，难以长保。其命服之赏，将一朝而三见褫夺。这也是一种逞强好胜不知进退的偏亢，令人厌恶。虽为阳性，也只可"三褫"而抑之，万不可因健讼而扶之。《恒》噩讲守常不喻之义，以中为贵。九三"不恒其德，或承之羞"，是说九三位虽得正，但以阳居阳，至刚而不中，处于雷风交接之际，有应于上六，动摇不定，不能坚守己志，这种无恒的作风，会蒙受羞辱。阳本淑善，而无恒之阳，则为人唾弃。《噬嗑》衔讲刑罚治狱之道。卦象上《离》

（火）下《震》（雷），象征以离火之明与震雷之威，察案惩罪。其初九"屦校灭趾"，是说初九居一卦之始，处无位（初、上无位）之地，重刚不中。在刑罚严明的环境里，象征一个刚暴违法的人，受到穿带足械的轻刑。而上九居一卦之终极，则犯了重罪，遭受"荷校灭耳"（肩上扛枷，遮住耳朵）的刑罚。尽管初九、上九都是阳爻，但处于《噬嗑》的局面下，分别以不同的"时"情，成为轻重不同的罪犯。如此等等，可见在周易的思想里阳的本性虽善，却不必常善，也有阳而不善者，要看时空情的条件而定，不能一概而论。

阳是这样，阴也如此。

在一般情况下，阴阳相比是阳淑阴慝。但阴之为善，在周易中也是常事。《坤》初之"履霜坚冰至，"固然是阴恶的朕兆，但《坤》六五之"黄裳元吉"，却是大善大吉之象。因为，五为尊位，六五以柔处尊，阴居阳位而得中，如着温文之黄裳，以柔顺之德，守中自居，是《坤》阴善为臣道的楷模，故曰大吉。《离》羑六二"黄离元吉"，也是以黄色喻中。《离》为火，九四刚躁而不中不正，若猛焰易烬；九三处下体之终，前明将尽，后明当继，居于过盛而衰变之际，有日昃之凶。而六二则居中得正，文明中正，虽属阴爻却为大吉之象。《比》袛六二"比之自内，贞吉"，表示六二阴居阴位，中而且正，上应九五，以中正之道互相亲比，如此坚贞不移，自然吉祥。《大有》蘇六五是阴爻，但"柔得尊位，大中而上下应之"（象传），上下五个阳爻都来应和六五一个阴爻，成为"元亨"（大好）的局势。《剥》禍虽是众阴剥阳，君子道消，小人道长之卦，但其阴爻也不尽恶。六五能反剥为顺，率众阴以获宠于上九，所以"无不利"。这表明，阴如能改恶向善，应阳而顺阳，则为善阴。尤其是《谦》独卦，五阴一阳，一阳为成卦之主，五阴皆尊而从之。初六以阴柔之性居于最下之地，是谦而又谦的君子之象。可见阴德施于正道，亦可为君子。六二"鸣谦，贞吉，"六四"鸣谦，利用行师"，等等，其阴爻非吉即利，无一凶咎悔吝。因为阳主刚，阴主柔，阳主动，阴主静，阳主奋进，阴主谦退。《谦》卦的五阴，皆以谦顺之性襄佐九三阳爻，共树谦德。阳唱阴和，成事之道，故而周易六十四卦中，唯独谦卦卦爻辞完全吉利。这对人们正确认识阴阳的淑慝善恶，很有启发作用。

综合上述阴阳各例的淑慝情形来看，可以说，在周易思想中，虽有阳淑阴慝、扶阳抑阴、喜阳恶阴的一面，但不可为典要，还有唯变所适的另一面。概括说来，衡量善恶的准则大体上还是孔子所说的"阴阳合德而刚柔有体，以体天地之撰，以通神明之德"（《系辞下》六章），所谓阴阳合德，是说阴阳各以自己的独特性能，取长补短，互相配合。《乾》《坤》的精义即在于此。《乾》健《坤》顺，《乾》刚《坤》柔，《乾》始《坤》成，《乾》主《坤》从，阴阳各以其性能互相偕作，便形成有刚有柔，刚柔得体的万般事物，包括卦爻在内。这样，便能体现大自然的造化情态和奥妙无穷的变化功能。简言之，阴阳合德为善，否则为恶。揆诸上述各例，无一不合乎此一准则。《乾》《坤》作为代表，从根本上体现出这一准则。《乾》取象于龙，《坤》取象于牝马。一以健动，一以健顺，一则"飞龙在天"一则"黄裳元吉，"阴中有阳，阳中有阴，龙马合德，和谐前进。此种情况是阴淑阳善，无可指摘。而一旦出现阳刚躁进、独阳无阴（有进无退）的"亢龙"，或出现阴极拒阳的"龙战于野"，阴阳失调，各自为政，则阴阳俱善转而为阴阳俱恶，"正复为奇，善复为妖"（《道德经》五八章）。故此，《乾》上六"亢龙有悔"

是告诫阳悬崖勒马，勿食恶果，不是扶之，而是抑之。同理，《坤》上六"其血玄黄，"也是告诫阴切勿忘记顺阳偕阳的本性而妄想自尊，也是抑之以理，而非恶而抑之。其他《比》六二、《离》六二、《大有》六五、《剥》六五等都是以阴守中道应阳谐阳而受褒扬。阴阳二气合则双美、乖则俱伤的原理，表现得十分清楚。有个比喻说，阳为义，阴为利。阴似乎为不善。其实利非不善，周易有多处言利。但利须合于义，始为善。乖于义，则利非善而为恶，义利合谐，斯为善道。这一点，对理解周易阴阳淑慝的原理，十分重要。

但如前文所述，周易确有阳淑阴慝、喜阳恶阴乃至扶阳抑阴的倾向。这一点，就其心理根源来讲，大约同天人合一的思想有一定的关联。自然界中有光明与黑暗，光明为阳，黑暗为阴。喜光明而厌黑暗，是人之常情，虎为阳刚，蛇为阴毒，喜阳刚而恶阴毒，也是人之常情。如此等等，对自然现象的此种不平衡的心理，施于人事，可能便成为喜阳恶阴的观念。如尊崇光明正大的阳性行为而厌恶阴谋诡计的阴性活动之类，便属于这种心理。也许人们的此种心理反映到周易中，便造成贬阴褒阳的倾向。

不过，尽管阳为君子而阴为小人这样的不平衡强烈存在，但周易里却绝对没有扶阳灭阴的思想，所谓"《易》以道阴阳"，所谓"一阴一阳之谓道"，"阴阳不测之谓神""阴阳合德而刚柔有体"等著名的论断，都已从根本上表明阴与阳是相依相交、相反相成的统一体，不能偏废。故而宋人叶适所说"道者，阳而不阴之谓也。一阴一阳，非所谓道也"（《习学记言》四），以及"《易》之始，其有阳而无阴"（《习学记言·太玄》）云云，这种独阳无阴的说法，实为违反常识与《易》理的浮浅之言，前人已驳之凿凿，无需再赘。关于阴阳的相互关系和阳淑阴慝之义，朱熹是这样阐述的。他说：

"夫阴阳者，造化之本，不能相无，而消长有常，亦非人所能损益也。然阳主生，阴主杀，则其有淑慝之分焉。故圣人作《易》，于其不能相无者，得以健顺、仁义之属明之，而无所偏主。至其消长之际，淑慝之分，则未尝不致其扶阳抑阴之意焉。盖所以赞化育而参天地者，其旨深矣。"（《周易本义》坤卦注）

这段话所说的阴阳互相对待而不可偏缺，有淑慝之分，必要时扶阳抑阴，这三点与本文上述观点相同，但

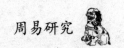

阴阳淑慝在某些时空情的条件下会有转化一点，这段话却没有触及，也许朱熹站在先圣的立场上，维护阳气，不愿涉及"善复为妖"的逆转吧。

综合上文，从总体上看，周易是一方面讲阴阳变易之道，认为阴阳相反相成，缺一不可，他一方面却持有扶阳抑阴的倾向。它对阴阳两个对立面，不肯平等看待，而是有尊有贱，有褒有贬。这和现代辩证法矛盾统一律中两个对立面受到平等对待，无分贵贱善恶，价值相等，谈不到扶此抑彼的情况，迥乎不同。周易的阴阳观当中所以存在尊卑不同的褒贬性，除上述喜明厌暗的心理作用外，很明显，这是由于天人合一的道德观念起支配作用所致。可以说，这是周易辩证思维有别于其他辩证思维的最大特点。

四面八方

在阴阳两点论的基础上运用卦象的多种变化来开展思维，是周易辩证思维的又一特点。由于它的活动面很多，本文以成语形容之，名之曰"四面八方"。周易是一部披着占筮外衣，以君子之道施行伦理教化的书。但

八卦图，出自宋·朱熹《周易启蒙》

它的伦理教化，不是象其他儒家经典那样直接说教，而是把中正思想和阴阳之道密切融合，以辩证思维方式对世人的立身行事进行指导和劝诫。在这方面，除了上述告诫世人，在对待问题上要从阴阳两面考量，刚柔并济，知几、知时、知时、知度、守中勿亢、预防邪变等以外，还通过卦象的变化，对世人处理问题表示出多面思维的方法。

下面，通过实例试作分析和说明。

在另文"周易的本性是什么"当中，笔者曾对孔子所说的"观象玩辞"和"观变玩占"，作过详细的探讨，认为孔子的意思是说，君子遇到重大问题需要解决时，可以从周易中选出与自身处境类似的卦，观察研究其象与辞的涵义和变化，据以推断未来的吉凶。现在，本文就按照这种精神，结合卦例，谈谈其中蕴涵的多面思维问题。

先谈《师》卦。

《师》是讲军事规律的卦，是兵家的象征。假定有人身负军事重任，面对战事，便可以选出相应的《师》卦，观象玩辞，观变玩占，从中汲取周易所提供的指南，这里就存在一个四面八方多角思维的辩证方法。

首先是观象。

《师》祐卦的卦象是上《坤》下《坎》。《坤》为地，为众为顺，《坎》为险为水，合起来看，是地中蓄水，象征众人聚集，内险外顺，险道而以顺行，正是军队与战争的影象。六爻当中，九二一阳统领五阴，呈现主将率师之象。六五柔居尊位，与九二阴阳相应，有君命将受，上下和谐之象。

其次是玩辞。

《师》卦辞"师，贞；丈人吉，无咎"是说，行军作战要基于正道。老成持重者为主帅，吉利无咎。初六"师出以律，否臧凶"，是说行军要讲纪律，否则虽胜亦

凶。九二"在师中，无咎，王三锡命"，是说九三主帅以刚居中，刚柔相济，上应六五柔居尊位者的信任，多蒙嘉奖。六三"师或舆尸，凶"，是说政出多门，号令不一，必至大败。六四"师左次，无咎"，是说当退则退，无咎。六五"田有禽，利执言，无咎，长子帅师，弟子舆尸，贞凶"，是说执政者为反侵略而兴师，不为兵端，无咎。但任将必专，倘若任长子而又使弟子分权，虽正亦凶。上六"大君有命，开国承家，小人勿用"，是说战胜而论功行赏之际，对有功的小人只可重赏，而不可委以权柄。

总起来说，全卦文辞是讲兴兵作战的基本法则。古今中外，概莫能外。详解已见另文，兹不复赘。

一般说来，通过上述观象玩辞之后，对《师》卦的内涵的了解已经差不多了，但依照周易的思路来说，身居指挥地位的统帅，仅仅想到这里还不够，还应扩大眼界，围绕《师》卦展开多方面的思考，以便从其象变中加深对战争的认识。

（一）要从卦序上想一想

《师》卦从哪里来？往哪里去？按《序卦》说，"《讼》的卦象是䷅，上天下水，天气上升，水性下沉，双方相背而行，象征人事违和，发生重大矛盾，因而兴起争讼。而且《讼》卦继以《师》卦，卦象骤变，外卦由《乾》变《坤》，改天换地，象证争讼激化，暴力相加。故而，就国际关系来讲，争讼不已往往会发生战争。从战争来说，作为国之大事，不会无缘无故自天而降，在它爆发之前，必有个争讼的量变过程。所以主战者在战前、战中乃至战后，都应把战争起因的矛盾问题（争讼）放在心上，不可忘却。这对于指挥战争的分寸和处理战后事宜上，都有一定的作用。另一方面，反过来还要看看《师》卦之后跟着什么卦，以便高瞻远瞩，看到战后的未来。继《师》卦而来的是《比》卦。卦象为祇，上《坎》下《坤》，水在地上，有相亲相附之义。这表明，战无常战，战久必和。战争继之以和平，是天经地义。国与国之间，仇转为亲，亲转为仇，是家常便饭。俗语说"不打不成交"，便揭示出《师》继之以《比》的一种涵义。

如此这般，周易教诲庙堂之上的元首与指挥战争的统帅，不仅要切实掌握《师》卦本身所表达的各项战争规律，还要瞻前顾后，想到兴《师》之前的《讼》因，以及《师》止之后的《比》情。这样，才能做到从阴

阳互交互变的《易》理上，把战争作为一个在时间空间
的情节中发展演变的过程，来全面认识和正确对待。

（二）要从错卦上想一想，寻求有益的启示

与《师》卦象相错的是《同人》卦。卦象籈，
《乾》天在上，《离》火在下。天与火当然不同，但天
气上升，火焰也上升，在趋上一点又有共同性。基于
此，名此卦象为《同人》，即求同于人之义，主旨是要
以《乾》天《离》火的正大光明去求同于天下人，亦
即广泛团结天下人，越多越好。对《师》卦来说，所谓
《同人》涵有双重意义：一是与天下人广泛地求同存异，
团结起来，增强力量，以克敌制胜，类似今天的统一战
线策略。二是对敌作战，也不能悖乎天理人情，也要遵
守共同的战争法规，如"不斩来使""投诚免死"和
"不虐杀战俘"之类，对交战双方来讲，是异中之同，
作为正义之师，理应求同而遵行。如果异中求异，背理
趋极，则独阳无阴，失道寡助，必败无疑。故此，在大
是大非，势不两立的战争情况下，也不要忽略一切事物
都是同中有异，异中有同，同异相反相成，不可或缺的
辩证规律。兴师作战的场合也不例外。虽然《师》义在
战争，《同人》义在团结，相反相异，但异中有同，求

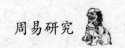

同有助于制异，所以《易》象显示的这个道理，也是统帅者不可忽视的重要法则。

（三）再深入一步，看看互卦里蕴藏着什么道理

看过本卦、前卦、后卦（综卦）和错卦之后，观变玩占尚未完结。为了尽量挖掘《师》卦的奥义，还要深入分析其卦象所含的互体结构，从中发现相关的有用思想。

《师》卦祐所含的卦是《复》卦。即：二、三、四爻交互成《震》锜，三、四、五爻交互成《坤》姤，合为地雷《复》卦。而《复》啃卦翻过来（综）又成为《剥》褔卦。所以，《师》卦内部蕴涵着《复》《剥》两卦。这两卦表现阴阳互为消长互相转化的规律，可以从《师》的角度合起来参看。这对用兵之道来说，可以悟出如下两个道理：

——阳代表胜利、顺利，阴代表失败、困难。如同阳不能永长常消，阴也不会常盈久虚，而是消长盈虚，转化不已一样，战斗既不会常胜常顺，也不会永败永困。作统帅的应认识到事物发展的这一阴阳互为消长的原理，胜而不骄，败而不馁。即使不幸而屡遭败绩，也要坚定正义之战最后必胜的信心，善于保持被剥殆尽的

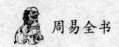

硕果（《剥》上九"硕果不食"）而争取"一阳独复"（《复》初九为阳复之象）的胜机。这样对于主帅来说，《剥》《复》两卦阴阳互为消长而阳无剥尽之理的规律。便成为破除畏难、坚定胜利信心的理论依据。

——《复》卦有返本还原的思想，用于人事，意味着走错了路而返回原处，重新进发，所谓知过必改，就体现《复》的思想。《复》卦主张及时改过，以免铸成大错，导致悔恨。所以初九说"不远复，无祇（不至于）悔，元吉"。而上六则谓"迷复，凶，有灾眚"，指出迷路而不知复返于正途，必遭凶险、灾难。尤其是，用这种有过不改的昏庸态度去打仗，终必大败亏输（用行师，终有大败）。这样，《复》卦所指示的知过速改，切勿"迷复"的人生指南，对于指挥战争的主帅来说，是克敌制胜、免于覆败的永恒准则。

这样，从讲求军事学的《师》卦所内含的《复》《剥》两卦中，至少能发掘出这样两条主帅所必备的指导思想。

以上，以《师》卦为例，试作"观变玩占"的结果，可以清晰地看到，作为思维展开的对象，以《师》之原卦为本，旁及所自之《讼》、后继之《比》（综），所错之《同人》，所互之《复》《剥》，总共六卦。这表明，思考一个对象，不象形式思维那样，只想到一个侧面，也不象一般辩证法那样，只讲究两点论，而是遵循阴阳之道，随卦象的演变，在对本卦观象玩辞的基础上，对本卦的前面、后面、反面、里面以及里面的覆面等，有关的卦象、爻象，都作出有机的思索与分析。当然，相关的卦爻象还可以扩大，这里出于示范之意，暂且到此为止。南怀瑾先生强调周易为"十面思维"，那是一点也不夸张的。

基于上述分析，可以设想，假定人们在立身行事的道路上遇到某个重大问题，难以解决，如果能象上述那样，运用周易四面八方的思维方法，那就必然能认清难题的全貌，从中找出打开难题的钥匙。周易辩证法所提供的多面思维，同其他思维方法相比 有它独特的优越性。绝不能因为它的占筮外貌和素朴性而加以忽视。

附带补充：所谓周易的多面思维，是周易体系的有机运行的思维，是以卦爻象数辞的演变为外壳而展开的思维，主要地不是以语言或符号为外壳而活动的思维，周易的辩证思维及其多面思维都具有这一与众不同的特点。

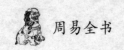

模糊不清

周易的辩证思维还有一个明显的特色，就是它的模糊性。产生模糊性的根本原因在于，周易的辩证思维不是通过论述的语言直接运行和展开的，而是通过象数卦爻辞间接地运行和展开的。所以，其意义蕴涵于内，而其表达则模糊不清。

首先是取象的灵活多变。

如《乾》象天，象君，象父，象良马，象老马，象玉象金，象寒，象冰……。忽为天，忽为人，忽为物，忽为性，等等。必要时，也可以借《震》之龙象以为天象。随时变易，灵活多样，以义取象，并无绝对限制。其它诸象，例皆如此，前文多有述说，不必再赘。因此，泥象取义，则义不可解，而随义解象，则往往见仁见智，难以为准。这是周易思维的象数外衣所决定的，其模糊性来自先天"基因"，不能克服。

其次是卦爻辞的假象喻理

周易的卦辞爻是对卦象爻象的解释，是象义的语言表达，它不是独立的文辞，而是卦爻象的注释。离象解辞，则辞多不可解，能解也不深切。故而解辞先要明象，象义明则解辞顺理成章，志趣自明。但象义本身灵活多变，辞义也难以通晓，一词一句究竟何义，往往难以确定。在卦辞方面，《复》卦辞之"反复其道，七日来复，"就是明显的例子。

按字面解释，大意为阳气依阴阳互相消长的规律反转回复，过不了七日。但以卦象为准加以体会，就出现分歧。下例四说，可见争讼之情。

1，王弼之说："阳气始剥尽，至来复时凡七日——反复不过七日。"2，侯果之说：五月《姤》至十一月《复》共七月，七日 即指七月而言。3，孔颖达《周易正义》说："褚氏庄氏并云五月一阴生至十一月一阳生凡七月，而云七日不云月者，欲见阳长欲速，故变月言日。4，王夫之《周易稗疏》说："来复者自《坤》而言也，《坤》一变而即得《复》，故曰'不远复'。不远则非厉七卦明矣。盖七者，少阳之数，《坤》为老阴，《乾》为老阳，故《乾》曰'用九'《坤》曰'用六'，不用七，八。数至于纯《坤》而无可消矣，于是其复速疾而七起焉。言日者，一昼一夜数极则反之谓。"

此外还有些异说，为免于啰罗嗦，不再例举。总之，由此可见，辞义之所以含糊难解，主要不在于辞语本身，而在于其所表达的象义模糊多歧。亦即：阴阳二气互为消长的运行与季节时序的关系，从象义来说并不明确，以致诸家注释，出现分歧。关于《临》卦辞"至于八月有凶"，也是其说不一。其情彷佛，可以想见。另文已有详叙，勿需复赘。

此外，周易的文辞，多采取比喻的手段，以辞象喻理，尤其是爻辞，几乎都是这样。

首先，卦名也有些辞象。如《屯》鹄为草木幼芽在地下萌动，即将破土而出之象，虽有困难，但前途光明。用以名卦，是喻示《乾》《坤》始交，万物初生，雷雨满盈，混沌而艰险。但新生事物，必将破除险阻而大有发展。《蛊》卦的蛊字，是食器生虫或庄稼

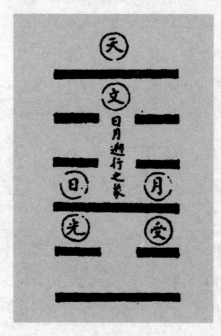

贲天文图，
出自宋·佚名《周易图》

生虫之象，用以表示卦象庚，是山下有风，风受阻于山，不得畅发，以致事物郁积而蛊坏的涵义，如此等等，卦名以象喻理而不直说。此种思维方式，卦辞比卦名更多。《坤》之"利牝马之贞"，《屯》之"勿用有攸往，利建候"，《蒙》之"匪我求童蒙，童蒙求我"，《师》之"丈人吉"，《小畜》之"密云不雨，自我西郊"，《履》之"履虎尾，不咥人"，等等，皆以辞象喻示卦象之义。六十四卦，大多如此。至于爻辞，则以象喻理者，也比比皆是。故而称之为辞，不如名之为"辞象"，更贴近实情。从《乾》《坤》看起，《乾》是龙（九三外其他各爻）和君子（九三）二象，《坤》从"履霜坚冰至"、"直方大"、"含章可贞，或从王事，无成有终"、"括囊，无咎无誉"、"黄裳元吉"，直到"龙战于野，其血玄黄"，六爻六象。六十四卦中爻辞辞象中最少的是《乾》，最多的当以《坤》为代表。不取象喻理的爻辞，一卦也没有。如此，从卦名、卦辞到爻辞，周易的文辞充满了形象（利有攸往、利涉大川之类的占辞应视为行为的辞象），再加上辞象所本的卦象，周易通体处处是象，孔子所谓"《易》者象也，"可谓一言中的。如上所述，假象喻意，是周易思维的特色。

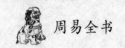

但是，周易这一特色（包括象数和辞象两个方面），有其便于蕴蓄义理而耐人玩味的优点，也有其寓义多歧，模糊不清的缺点。从思维的角度来说，这是一种借助形象的模糊性来含蓄而曲折地表露微言深意的思维方式。依孔子的体会，周易蕴涵圣人对衰世的忧患意识，故而"其旨远，其辞文，其言曲而中，其事肆而隐"，这一体会，正确地抓住了周易假象喻意的根本原因。而周易之难读多解，同象义的模糊性，有密切的关系。在爻辞的形象方面，表现得尤为明显。

例一：《随》鬞六二"系小子，失丈夫。"

系是随而不舍之意。六二所系的小子，所失的丈夫指何而言，辞象的表现并不清楚，以致注解产生分歧。王弼、孔颖达、程颐、朱熹等认为，六二阴柔，乘初九之阳，初九在下，是小子；九五居上卦尊位，是丈夫。但俞琰，龚焕，查慎行，金景芳却另有解释。他们认为，《随》卦与他卦不同，专取相随相比，不取相应。周易以阳为大，以阴为小，六三与六二相比，六三阴爻，故称小子。六二下比初九，初九阳爻，故称丈夫。六二既系于六三小子，当然就失去初九丈夫。同是针对《随》六二，却有如此分歧的解释。原因端在于"系小

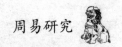

子，失丈夫"这一辞象，并未将所系所失的关系表达清楚。

例二：《贲》襧六五"贲于丘园，束帛戋戋，吝，终吉"。这一辞象中的丘园（丘墟园林，质素之处），指何而言？贲于丘园，是谁施贲（加以文饰），谁受贲（接受文饰）？这两点，诸说纷纭，令人莫衷一是。大体情况是，郑玄，荀爽，王弼，苏轼，程颐，何楷，来之德，陈梦雷诸家，认为丘园指上九，阳刚在外，高尚其事，多数学者采取这种看法。但也有不同的体会。如王肃则认为六五"失位无应，隐处丘园"（孙星衍《周易集解》引《文选》注），视丘园为六五。李道平另作主张，说："愚案：五下应二，贲于者，贲二也。二互体《坎》，《坎》为隐伏，隐士之象也……二以一阴居两阳之间，亦外高中下之象"。《九家说卦》曰"'坎为丛棘'，园有树木，丘园之象也"（《周易集解纂疏》卷四），以六二为丘园。更有甚者，杨诚斋别出心裁，以初九为隐居丘园的高士。他说："初九（贲其趾，舍车而徒）义不乘六二之车，舍之而徒行者也。六二不能致初九，而六五之君乃能致之。"（《诚斋易传》）意为：初九之阳虽比近六二之阴，但于义当远应于六四之阴，

故而舍易就难，舍车而徒步。虽六二不能召致初九，但六五却能，因为它是君主，能召贤起隐。这样一来，丘园又变成了初九。当然，王肃之六五说，李道平之六二说以及杨诚斋之初九说，虽属于少数派，但都有象数义理的根据，均可备一说。

此外，关于施贲、受贲问题，也是其说不一。程颐，苏轼，金景芳等认为六五受贲于上九。程之言曰："六五以阴柔之质，密比于上九阳刚之贤，阴比于阳，复无所系应，从之者也，受贲于上九者也。"（《易传》）。但有些《易》家则认为六五贲于上九，荀爽，王弼，孔颖达，来之德，陈梦雷等便是这样。陈氏说得最明白，他说："六五柔中，为《贲》之主。——五比上以成贲者，人君虚已以求山林隐逸之贤，故有不贲于朝市而贲于丘园之象。"（《周易浅述》）持 这种关点的人，似乎较多。上述这些，是传统的纷歧之见。而今人的见解，尤有异军突起者。如《周易必读》的作者房松令的新解是，"六五居《艮》之中，为丘园。与三四为《震》，故有车奔丘园之象。六五爻动，《艮》化为《巽》，《巽》为入，为进退，为进门之象。之卦《家人》，故为成亲之象。虞翻曰：'《巽》为帛为绳，艮手持，故束帛’。风入于山为有事，故曰‘贲’。终成家人，自然吉利”，把六五辞象解为迎亲成家之象。这是他把《贲》卦视为表现婚事的观点所派生的必然的解说，和传统的各种说法，迥乎不同。以上这些纷歧的见解，孰是孰非，这里暂不作评论。本文引述这些东西的意图是，从这里可以具体看出，周易同一爻的辞象，会产生如此纷纭的歧见，并且进一步认识到这些歧说产生的原因。

上述诸例表明，周易文辞所以难以解读，所以产生歧解的原因，一是它叙事说理不是使用交际语言，而是借用形象语言。二是在于形象语言（即辞象）与卦爻象的关系灵活多变，含糊不明。统而言之，就在于“象”（卦象爻象辞象）的多义性产生了多解性。追本溯源，应该说，周易的作者在创作时故意采用这种以象喻理的手法，一则借以表现其渊奥的义理，二则借以表现其不满衰世乱政的忧患意识，以致产生如此难解的后果（除文字的古奥外）。换言之，就创作思维的角度来说，利用模糊思维来表达辩证思维，就造成义理表达上模糊不清的特点。也许，这既是表现周易思维独创性的优点，也是它含混不明的缺点。

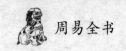
尾　声

周易辩证思维的内涵十分广阔，前面所述，只是其概略情况。作为结束语，必须指出，周易的辩证思维，虽然以阴阳之道为本，有一定的自觉性，并且在原理的运用上内容比较充实，有一定的实用价值，但是它毕竟是中国上古时代的精神产品，避免不了早期文化历史的局限，带着浓厚的素朴性，除了寓理于占筮的象数文辞，在表达上零零散散，模模糊糊，缺乏条理性、系统性以外，较之现代的辩证思维方法，内容亦不全面。如表现事物发展螺旋上升的否定之否定律，在周易就不见踪迹。但许多人认为周易的发展是循环论，却未必全对。以十三消息卦的阴阳互为消长规律来看，可以说是循环论（也许符合气象运动的实际），但以六十四卦整体来看，始于《乾·坤》终于《既济·未济》，乃是表现事物生生不已的无限大，并无返回《乾·坤》，循环不已的思想，在这些方面，周易的借象喻理，并无清晰的表达，需要深入探索，以明究竟。但不管怎么说，三千年前创作的周易，其思维的内容不及后代全面，是无待细说，可想而知的。这一缺陷，无需苛责，因为周易辩证思维的素朴性，是历史局限性的表现。应该看到，周易作为六经之首，它所蕴涵的辩证思维，具有前述种种独特性、优越性，值得后人深入挖掘、层层探索，取其精华，以充实自己的思维世界。

从总体来说，周易的思维是综合思维。周易的思想中心是阴阳之道，在展开阴阳之道的思维时，是以阴即阴阳即阳，阴阳与其自身同一这样的形式逻辑为思维基础；而以阴阳相反相成，互相转化这样的辩证逻辑为思维主体；并以假象喻理的象数思维所造成的模糊思维，作为表现的手段。总而言之，周易是集形式思维、辩证思维、象数思维、模糊思维于一体的综合思维。这一综合思维的哲学实体，古今中外只有周易一例，未见其他。

周易智慧

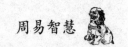

第一篇　周易智慧与释例

《周易》这部书，不但是我国最古老的经典，而且自古以来，就被推崇备至，尊为"群经之首"。

《周易》仰观天文，俯察地理，中通万物之情；究天人之际，探索宇宙、人生必变、所变、不变的大原理；通古今之变，阐明人生知变、应变、适变的大法则，以为人类行为的规范，这一天理即人道的天人合一的哲学思想，称作"天人之学"，为我国传统文化的基础，一切学术思想的根源，我国传统文化的最大特色。

天尊地卑，天在上，地在下，乾坤的位置就这样定下来了。

天地间万事万物由卑下微小到高尚壮大，杂然纷呈，又共居于天地之间。

天地万物从小到大，从卑到尊自然排列。

动与静有常理：动极必静，静极生阳，阳刚阴柔，自有分别。

到这里，我们有必要说到精神，说到智能，说到有无。

精神智能之有无在于人。人有精神，人有智能在于人在想人在动，精神、智能又从无中来。正因为无，人们便可凭精神智能去创造成功，也可能失败。而无则无所不在，则所在皆有成功与失败，或者吉凶祸福。人要知此结局，应该细细了解《周易》道理。

人各有道，物各有理；人以类聚，物以群分。此一方和彼一方，必然地有矛盾冲突，也必然地和平共处。这就是吉凶产生的原因，变化发生的内在动力。

道在中国人的智能中，真是至高无上。

什么是道，阴阳结合，相反相成、相克相生而已。它是规律，它是路线，它是方向。它并不存在，但它又与人与事与物同在，并且无所不在。所以，它又是发生、发展、变化，它是过去，是现在，更是未来。

玩味道理是一种乐趣，行动中观察它的应验与事理变化，物象变幻，证吉凶，算未来，上得天，下得地，中得人，趋吉避凶，一切吉祥如意，无往不利。这又如何不其乐无穷。

道理是虚的，人的行动却是实在的。

君子立身处世，言语、行动是关键。

成功的路上，吉利的路上，人总是越聚越多；失败的路上，祸患的路上到底也有人走，虽然不是愿意的，这不愿意只是在事后才后悔不及，永以为戒。所谓一遭被蛇咬，十年怕草绳。

然而成败本无道路，只在众人一心愿往。

按道去做，那就是事件、事业。

运用道，神妙莫测；与道共舞，那就出神入化了。

吉凶善恶见卦爻，利害得失在明察。卦爻是死的，人是活的。人活得聪明有精神便看得出卦爻风起云涌，或日月光明。所以，人活卦活万事活，成败祸福全在君子一心。

《周易》，真是造物主失落在大地上的神奇的戏法。

生命在于运动

乾卦，为全阳之卦，阳中之极，为刚健，表示天体运行，四时更替不止。

一、健康的标志在于心动

"人生是否有价值，应该依其间各种行为而定，不是依其生命的长短。"（杰瑞达）

自古以来，人们就相信长寿代表福气，随着医学的发达，平均年龄延长的新闻更是层出不穷。可是生命如果变成长尾鸟的尾巴，累赘而又无用时，反倒精简短小更好。

对上些年纪的人，有句常用的祝辞：健康长寿。然而健康就等于长寿？长寿一定健康？请看下面故事。

有个七十来岁的人去医院检查身体。医生告之：什么病也没有。他很高兴："我能不能活到百岁？""爱吸烟么？"医生问。"不，从不吸一口。""喜欢喝酒么？""不喜欢，一滴不沾。""那么，对夫妻生活还有兴趣么？""早戒绝多少年了。""您可有别的嗜好？譬如著书立说、养花下棋、书法绘画、老友漫谈之类？""没有。我什么嗜好也没有！"医生不解了："那，您活一百岁干什么呢？！"

医生最后一句，问得实在绝妙。这样如同一潭死水的生命，即使永不干枯也会变臭，意义何在？

二、生命的意义在于运动

生命在于运动。在不断的运动中，我们能轻松地保持我们的体力和活力；在不断的运动中，我们能长久拥有自然赋予我们的聪明和才智。刀不磨要生锈，一把生了锈的刀还能谈得上"锋利""战马推磨"的故事，给我们的就是这样一种启示。

有个国王养着成群优良的战马，一匹匹膘肥体壮，训练有素。邻国几次来侵犯，都被他们骁勇善战的骑兵杀得落花流水，只好屈膝求和。战火平息了，国王心想："如今天下太平，我还要养这么多战马干什么？既费饲料，又花人工。"思来想去决定：把战马下放到民间，去帮助老百姓推磨拉碾，既能节约国库开支，又可为百姓服务，需要时再重新召集起来。公告一下，各地的百姓都来宫中牵马。从此，这些战马就在磨坊里和碾场上忙碌起来。几年过去了，邻国养精蓄锐，元气恢复，突然调集重兵，向这个大国进攻。国王急忙召回战马，列阵迎战。三声金炮响过，谁想到这些马都低着头，在原地转起圆圈来。一匹马都不会朝前奔跑了——原来它们已经拉惯了石磨。

千里始于足下

坤卦，为全阴之卦，阴中之极，为柔顺，表示万物之母的大地，能吸收和储存一切能量。

我们常常用"千里之行始于足下"，来形容大业初创的艰难和重要性。大地之所以能成为万物之母，依赖它能吸收和储存能量。对于伟大的事业来说，这种能量就是人才和人心的拥有；对于个人而言，这能量就是才智和信念。

我们强调"人才重要"，并非当领导或什么领袖才需要懂得它，有哪位成功者是仅仅靠他自身，而没有得到妻子、孩子、朋友的帮助呢？坤为大地、为众多，坤卦提示我们：拥有亲友们的更多理解和支持，对我们每个普通人也都很重要。

一、欲获得先付出——管仲计谋成功

大地富有，在于它的无私奉献；我们要想拥有更多，就必需首先付出。"钱能买心，也能买命"的故事，讲述的就是这个道理。

齐国宰相管仲向主君桓公说："去年的租税收人多

达四万二千金。在下有个请求，请把这笔钱拨给将士，作为预付奖金，凡是答应立下战功的人，统统有奖。"

"好的。"桓公说。管仲连忙把全军将士集合起来，高声宣布道："迟早要打仗了，到时候勇敢杀敌人，现在就有奖金可拿。"将士交头接耳，最后一名士兵走上来说："要杀几个才行呢？""一百人。"管仲说。"好，我试试看。"管仲给了那名士兵百金。此例一开，将士们纷纷上前报名，结果凡是杀敌将首级的人赏千金，杀敌兵十金……四万二千金一下子就花光了，将士们高高兴兴地离去。桓公说："那笔钱会白费吗？"管仲说："不必担心，领到奖金的士兵，在出阵前，他们会用那笔钱让双亲、妻子高兴；-亡战场时，他们为了维护荣誉，报答恩惠，一定会拼命作战。如果由于他们的卖力作战而击溃敌人的话，这笔费用算是便宜的。"果然，士兵的双亲、兄弟、妻子都向士兵说："得到那样的恩惠，你身为男子汉答应人家的就要做到，到时不可以怯懦无能。"不久，齐与他国开启战端，诚如管仲所预料，齐兵奋勇作战，大获全胜。

二、山川使大地俊秀——关键人才是势力的象征

大地的俊俏秀美，在于它将山川：置身怀抱；大业

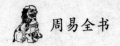

的成就，在于领袖善于或注重延揽舞台后的"军师"或"导演"。"用好三杰"的故事，提示我们的就是这些寓意。

汉高祖刘邦平定天下不久，赐宴群臣，提出这样的问题：

"我与对手楚王项羽比，无论勇气、军备、武勇我都远远不及他，然而项羽却得不到天下，天下却落在我手里，这是什么原因呢?"高起和王陵回答说："陛下攻城略地，把所得的城与地都分给了有功之人，利害与部下一致。相反，项羽虽然勇猛过人，但他却嫉妒贤能之士，厌恶有功的人；同时他不把得到的胜利品分给有功的部下。这是两者得失的分野。"高祖听后一笑，道："你们只知其一而不知其二。要知道，运筹帷幄、决胜千里，我不如张良；平定国家，安抚人民，做好完全准备，我不如萧何；率领百万大军，百战百胜，我不如韩信。这三个人我无不佩服，他们是天下的人杰。但我能够合理的运用这三杰，让他们发挥本领，这就是我得到天下的原因。而项羽连惟一的能臣范增都无法运用，这是他失去天下的原因。"

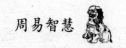

春雷一声震天响

震卦，为雷、为动、为突破，有由内向外突破、爆炸之象。

一声春雷，给人以兴奋和激励，于是我们就知道大雨即将来临，万物将要复苏。因此，我们常常用"春雷一声震天响"来形容某一事件给我们内心带来的震撼和激励。

一、善于造势——诚聘四皓出山，吕后击败对手

我们看见那从万丈高山跌落而下的瀑布，在那震耳欲聋的水击声中，我们感到了一种无法言状的力量。这种势感效果来自落差，我们在物理学中学过"动能"和"势能"的概念，只要是所居位置足够高，其具有的"势能"并不比"动能"小。故而，成功的策划者，非常善于"造势"。这就是震卦给我们的提示，"请四皓出山"的故事，就是汉代著名谋士张良为吕后击败对手，运用"造势"原理进行的一次成功策划。

据《史记》记载：太子盈的母亲是吕后，吕后是汉高祖刘邦在贫贱时所取之妻。高祖建立帝业后，吕后年

纪较大，经常留守关中，与高祖日渐疏远。高祖认为太子盈过于柔弱，不像自己，常想废掉他。呷口意的母亲是戚夫人，戚夫人是高祖在任汉王时，于定陶获得，生下可爱的如意之后，更加深得高祖宠爱，常随高祖到关东，她日夜啼哭，想立如意为太子。高祖也认为，如意的个性像自己，也有废盈而立如意的打算。对比之下，情势对如意和戚夫人这边明显有利。吕后想尽了办法要保住其子盈的太子之位，也为了报戚夫人夺走丈夫之爱的仇恨，但所有的办法都无济于事，于是她去找谋臣张良。经不住吕后的再三略带威胁的拜托，只好献上一计："皇上一直想聘请四个在野的贤人出山，只是他们始终不肯，若将他们迎为宾客，太子经常请此四人赴宴，必会被皇上看见，而询问原因。到那时……"于是，吕后和太子设法终于请出了这四个人。有一次太子正在家请这四人时，被高祖看到了。"这不正是历经数载所寻觅的东园公、角里先生、绮里季、夏黄公吗？"高祖想，"他们怎么会在这里？我请你们，你们总是躲着我。现在你们怎么愿意跟我儿子来往呢？"高祖不解地问。四人齐声回答说："皇上一向看不起儒生，经常骂不绝口，我们不愿受人侮辱，所以才远远地躲起来。

现在听说太子仁德，恭敬仁孝，尊敬贤者，善待儒生，爱惜有才德之士，天下有才德之人都想为太子效力，所以我们自愿前来拜见太子!"高祖心想，我原来以为太子声望不佳，没想到天下有才德之士竟慕名而来。他目送四人离去后说："太子羽翼已成。"于是，高祖便召来戚夫人，告诉她死了立如意为太子之心："虽然你我都想改立太子，但太子如今已有四位贤人辅佐，羽翼渐丰，甚至凌驾于我之上，所以无法轻言废立太子之事，你就忍一忍吧。"

二、勇于突破——毛遂自荐，齐国合纵成功

震卦，一阳在下而两阴爻在上，有"突破"之象征。就像埋在地下的炸药，需要一根导火索去引爆一样，新的突破需要我们勇敢地挺身而出，去做"第一个吃螃蟹的人"。"毛遂自荐"的故事，提醒我们：突破性的爆炸，需要我们具有将引燃的导火索暴露外面的勇气。

公元前260年，秦军重重包围邯郸，赵国危在旦夕。赵孝成王急忙委派他的弟弟平原君为特使，到楚国去商讨救兵。事关重大，平原君准备从门下食客中挑出二十名勇识、才略兼备的人物与他同往。经过一番精心

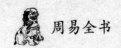

挑选，只选出十九位，这时有个名叫毛遂的人自我推荐，要求加入。

平原君对这张面孔很是陌生，就问他来这里几年了，毛遂回答说："三年了"。平原君大为惊讶，就对毛遂说："一个有才能的人处在世上，就好比锥子在袋子里而，若是锐利的话．尖端很快就会戳穿袋子，露在外面。可是，你来到我门下三年，从未听过有人称赞你，可见你没有什么本事，你不能去。"毛遂申辩说："不对！那是因为我从来没有能够像锥子那样放进您的口袋里，今天就是求您把我放进袋子里去。若是我早有被放在袋子里的机会，将不只是锥尖露出口袋而已，就连整个锥子都会像禾穗一般挺出来。"平原秸觉得毛遂的话有道理，就说："好吧，就给你这个机会。"，于是毛遂即跟随平原君等人到楚国请求救兵。到了楚国，平原君和楚王商量联合抗秦的事，一'再说明两国的利害关系，但谈论了半天，仍无结果。从早上谈到中午，仍没有说动楚王。于是毛遂前往助阵，对楚王说："有关合纵的利害，是两句话就可解决的事，为什么淡了这么久呢？"楚王不屑一顾地对毛遂说："我跟你主人谈正事，你打什么岔呀？

还不快给我下去。"毛遂冒着生命危险，手持宝剑挺身而上，对盛气凌人的楚王针锋相对："大王您之所以呵斥我毛遂，是仗势楚国强大的威势。现在十步之内，您再也没法仗恃楚国的威势了，您的生命就操在我毛遂手中。"接着又说："商汤以七十里的地方，便统治了天下，周文王以百里之地，号令诸侯，这难道是他们士卒众多的关系？实在是他们能够依据已有的情势，振作他们的威武罢了。目前楚国拥有五千里地，加上百万雄师，这是称霸天下的大好时机啊！白起，只是一名小将，但他率领几万秦兵来跟楚国作战，一战就攻下鄢、郢两地；再战，焚毁楚国的夷陵；三战，污辱了您的祖先－这是百代不解之仇，连赵国郎替楚国感到羞耻。你身为楚国国君却不引以为耻啊！你要搞清楚，合纵足为了楚并非为赵国的。"楚王被他的凛然正气所惊慑，也被他深刻的分析所叹服，惊惶之下连连点头："是是是……你说得对极了！对极了！我愿以整个楚国跟赵国联合抗秦，"毛遂又追补道："合纵的事就这样决定了吗？"楚王回答："对，就这样定了。"于是，毛遂让人快拿鸡狗马血来，说："大工您应先歃血表示合纵的诚意，其次是

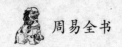
我的主人，再其次是我。"就这样，在楚殿上完成了合纵的大事。不久楚国和魏国的援军两路进击，终于解开厂邮郸之围故事中的毛遂，是一个不愿或不懂拍马屁而又满腹经纶，却总没有纳入袋中的锋芒人物，最后就只能采取"白朴"的方式了。要知道，自荐是需要勇气的。因为"自荐"这条路实在不好走通，否则占今中外，就不可能有那么多人感叹"英雄无用武之地"了。

野火烧不尽，春风吹又生

巽卦，为木、为风、为进退，此皆有"柔弱坚强"之寓意，故而巽卦有"野火烧不尽，春风吹又生"之象。

二、弱者最强——主动示弱，仲达胜曹爽

草木柔弱，但最些强。风吹来甘心小弱，弯曲身子保伞仪那或牺牲身子保全根部，只要根部存在就能再生，这就是巽卦告我们"柔弱者坚强"的启示。"主动示弱，仲达胜曹爽"的故事，讲的就是这个道理。

三国时候，魏吴蜀对立最紧张的时期，魏明帝去世，由年仅八岁的曹芳即位，他就是顺帝，遗诏由太尉司马仲达与大将军曹爽担任辅佐。司马仲达年长老练，而曹爽年少气锐，他们两人一开始就注定要成为冤家。曹爽血气方刚，索性用计使司马失势以便独揽政权，曹爽向幼弟进言，让仲达担任太子的教育工作。曹爽虽然握有政权，但心中依然感到不安，于是利用与自己同派系的李胜前往故乡荆州当刺史的机会，到仲达那儿假借临行前问候的名义探一探仲达的虚实。当时的仲达已经七十岁了。李胜探问司马仲达的时候，仲达是在两名侍女的搀扶下一跛一跛地走出来的。他衣着不整，嘴角流着口水。仲达指着自己的嘴巴说："口好干。"侍女捧一碗米汤让仲达喝，仲达却喝得七零八落，似乎是个完全不能自理的人。

李胜看到这样的情景就说："听说你中风了，但没想到有这么利害。"过了一会儿，李胜又道："实在太惨了。""对了，你要到并州吗？""不是的，我要到本州（即出生之州，故乡的意思）的荆州。"李胜回答。"本"与"并"发音相似。李胜认为仲达老迈听错，便当即断定仲达再也没有昔日的那种叱咤三军的气概了。李胜辞别仲达府邸，马上去见曹爽，将所

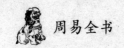

见所闻一五一十向曹爽报告，两人都认为仲达已经老迈而大为安心。李胜离开仲达之后，仲达甩开两个侍女，挺起胸膛，理好衣服，喃喃自语道："那个傻瓜完完全全被我瞒过去了。"仲达随即着手进行搞垮曹爽的策略。后来打倒曹爽，将其诛杀，独专政权。再往后，仲达的孙子代魏称帝，建立晋朝，因他为子孙统一霸业打下的基础，追尊他为"宣帝"。

二、无孔不入者坚——见风使舵，县令巧断案

巽为风，风因无孔不入而无所不至，也因善于随机应变而遍及四方，这就是"柔弱者坚强"的另一种表现形式。

《西游记》第七回"八卦炉中逃大圣，五行山下定心猿"中讲到："那老君到兜率宫，将大圣解去绳索，放了穿琵琶骨之器，推入八卦炉中，命看炉的道人、架火的童子，将火扇起锻炼。原来那炉是乾、坎、艮、震、巽、离、坤、兑八卦。他即将身钻在巽宫位下。巽乃风也，有风则无火。只是风搅得烟来，把一双眼熏红了，弄做个老害病眼，故唤作'火眼金睛'。真是光阴迅速，不觉七七四十九日，老君的火候俱全。忽一日，开炉取丹，那大圣双手揉着眼，正自揉搓流涕，只听得

炉头声响。猛睁眼看见光明，他就忍不住，将身一纵，跳出丹炉，呼喇一声，蹬倒八卦炉，往外就走……"

由此可见，孙悟空炼就"火眼金睛"是他"见风使舵"的结果，而下面故事中的孙知县，从原告想自杀想到令其假死巧断奇案，也属"见风转舵"的一种特殊应用，很值得我们借鉴、学习。

清朝时，合肥县刘某之女小娇先后许给三家：一个武官的儿子、一个商人、一个小财主。三家人为娶小娇，互不相让，告到了县衙。孙知县受理"争妻"案后，思索再三方才理出一个头绪，于是宣布开庭审案。武官的儿子申诉说："小娇是自幼由父母做主许配给我的，理应我娶。"商人说："你一走十多年，没有音讯，小娇的父亲死了，小娇的母亲才把小娇许配给我，理应我娶。"小财主说：''你去经商，一走二年，连个话也没捎回来，小娇已一十八岁，不能在家久等，我已送了聘礼，理应我娶小娇。"

于是，孙知县就让小娇从中挑选一个。小娇含羞低头，一言不发。孙知县连连逼问，小娇又羞又恨，一气之下喊道："我想死！"孙知县一拍惊堂木道："一女嫁三夫，古来未有，看来此案只有如此，方可了结！来

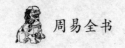

人！拿毒酒来！"一个差役应声走到孙知县面前，孙知县写下一张字据，命差役去库房中取毒酒。差役将"毒酒"取来，小娇捧起毒酒喝下肚去，不一会儿直挺挺地躺倒在地上。孙知县对堂下的三个男人说："你们谁要此女，就把她拉走！，'三个男人你看我，我看你，都不开口。最后还是武官的儿子走上前去背起地上的"死尸"，大步走出公堂。

武官的儿子背着小娇回到客店，忽然发现小娇还有一口气，于是把小娇放到床上，守候在床边，当天晚上，小娇醒来，恢复如初，两人遂结为夫妻。原来，孙知县在字据上写的几个字是：取麻药酒。孙知县见风转舵或曰见缝插针，以此"迂回"之计，终于使这一棘手的"争妻"案得以完美解决。

万物生长靠太阳

离卦，为日、为火、为燃烧之象。

太阳能够给予我们光和热，因为太阳内部有产生核反应的物质，和外部拥有让它核裂变的空间。同理，物体燃烧能放出光和热，也需要内部物质（木柴、煤炭等燃料）和外部空间（空气、氧气等）。任何成就都是连续奋斗的结果，奋斗的过程需要能量的不断补充，这种类似光和热的能量之来源，需要通过内部（物质）和外部（环境）两种方式来解决。

一、内部（物质）——需要是动力的源泉，信心是胜利的保障

四川边境有两个和尚，一个穷，一个富。穷和尚对富和尚说："我想到南海去，你看，怎么样？"富和尚说："那么，你依靠什么去呀！"穷和尚说："我有一个水瓶、一只饭碗就足够了。"富和尚说："我多年来就想买条船下南海去，至今尚未如愿，你仅靠这些能去得了吗？"过了一年，穷和尚从南海回来了，告诉了富和尚，富和尚听后，颇感惭愧。从西蜀到南海，不知有几千里远，富和尚不能去，而穷和尚却去了。（清·彭端淑《白鹤堂诗又集·为学》）

环境的好坏不是事业成功与否的决定因素。意志坚定、不怕任何艰难险阻的精神力量，即内在因素才是取胜的根本。然而，毅力和信心不是我们说有就有的，有时候我们对一件事情却怎么也产生不了完成的信心，更无法坚持多久；而换一件事却信心百倍，且很容易坚持

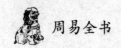

做下去，这就与我们是否想（适合）做这件事有关。假如穷和尚不是"想去南海看看"，他又怎么能信心百倍，坚持到最后胜利吗？

二、外部（环境）——目标是毅力的来源，激励是成功的风帆

1952年7月4日清晨，加利福尼亚海岸笼罩在浓雾中。在海岸以西21英里的卡塔林纳岛上，一个34岁的查德威克涉水下到太平洋中，开始向加州海岸游来。15个钟头之后，她又累，又冻得发麻。她知道自己不能再游了，就叫人拉她上船。她的母亲和教练在另一条船上，他们都告诉她海岸很近了，叫她不要放弃。但她朝加州海岸望去，除了浓雾什么也看不到。她又游了几十分钟，实在感觉无法再坚持了，人们这才把她拉上船。她渐渐地觉得暖和多了，开始感到失败的打击，于是不假思索地对记者说："说实在的，我不是为自己找借口，如果当时能看到陆地，也许我能坚持下来。"她说得没错，令她这次半途而废的不是疲劳，也不是寒冷，而是在浓雾中看不见目标，因为拉她上船的地点离加州海岸只有半英里。两个月后，她成功地游过了这一海峡，成为游过这一海峡的第一个女性，且比男子的纪录还快大

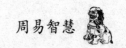

约两个钟头。

在艰难中跋涉，有无信心克服困难至关重要，而要战胜困难，彼岸（目标）的作用不可忽视，，目标不只是界定追求的最后结果，也是催人奋进的强大动力，查德威克小姐横渡卡塔林纳海峡的失败与成功，就是最好的例证。

大江东去浪淘尽

坎卦，为水、为江河，象征危险和陷阱。

世间处处多陷阱，没有不历尽坎坷的成功‘，大江东去，浪涛尽、千古风流人物。自古，"危"。"机"并存，只有那些善于保全自己的英雄，才会笑到最后，这就是坎卦给我们的启示。

一、保全自己——多挖洞，孟尝君不败的奥秘

战国时代，有一次，齐国的孟尝君派他的食客冯谖（一说为冯獾）到封地薛收取租金、贷放的贷款。冯谖临行出发时问孟尝君："收完帐之后，究竟买些什么东西回来比较合适呢？""怎么都可以，只要是我们没有的东西都可以买。"孟尝君说。冯谖抵达薛地，付得起的

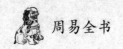

人就收，付不起的人就免掉租金，并将契据全部烧毁。人们高呼"孟尝君万岁"，发誓效忠到底。冯谖办完事回来对孟尝君回报说："我买了我们没有的东西——'义'回来了。"然后把经过的情形一一叙述一遍。孟尝君先是吃惊，继而则发怒，但已无可挽回，也就罢了。一年后，孟尝君被齐王免掉宰相的职位，失意地返回封地，令他吃惊的是，封地的老百姓都在道路两旁列队欢迎他归来。"如今我总算明白冯谖所谓买'义'回来的苦心了"，并向冯谖表示感谢和歉意。冯谖说："聪明的兔子拥有三个洞，以确保自己的安全。你现在只有一个洞，还得赶快再挖两个。"

冯谖连忙去游说秦昭襄王（一说为魏惠王），阐明聘请孟尝君的时机和利害。于是秦王随即派出使者带着重礼打算聘请孟尝君，这个消息也被齐王耳闻到了，齐王就连忙派出特使把孟尝君请回去，再度让他担任宰相之职。

冯谖这时又向孟尝君进言道："请你要求齐王把先王的宗庙建于薛（因为有先王的宗庙在此，君王就不敢来进攻以便背上破坏宗庙的罪名）。"齐王答应了这一要求。冯谖便对孟尝君说："这样以来就有齐、秦、薛三个洞了。你今后就可以高枕无忧了。"由于这个原因，孟尝君到死都安泰无事。

有"三个洞"，就等于拥有三个实力据点，其中任何两个据点的实力对于上司都存在一种威胁力量，这是多挖洞的奥秘之一；其二是，天有不测风云，人有旦夕祸福，万一有什么突变事故，就不会惊惶失措。

二、柔克刚——不把事情做绝，司马仲达笑在最后

三国时，蜀国的诸葛亮与魏国司马仲达在五丈原对峙时，无论孔明如何诱战，仲达就是不肯出战。当时孔明赠送女用服饰品羞辱仲达"不是男子汉"，甚至连仲达的部下也说"公甚恐孔明"，他还是不应战。后来孔明死在军中，蜀军无奈回撤。仲达得知孔明已死，就命将兵追击撤退的蜀军，但看见蜀军车上的孔明木像，仲达连忙下令退兵。这件事被后人嘲笑说："死孔明吓走活仲达"。其实，他知道孔明已死，车上的孔明只是木像而已，但他假装误认孔明在世而退兵。他之所以没有追击孔明并歼灭蜀军，乃是为了保身的缘故，也是人生仕途经验的心得。

他打仗时不可得到压倒性的胜利，只打小赢的仗，尽量使朝廷对他的警戒之心有所放松，不把他看作是

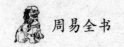

"那么可怕的人物";另一方面,打仗时他总是留下一些敌人,既然有敌人,那么军人地位就安稳了,如果没有敌人,那等待他的将是汉朝的韩信的命运:"狡兔死,走狗烹"。班师回国时,他不回都城洛阳而留在途中的长安,这也是为了保身,因为他认为拥有大军进京将会给自己带来不利。

俗话说,"看谁笑到最后"。虽然司马仲达一时为天下人嘲笑,但到最后,他反过来笑天下的人。三国时期的风云人物:曹操、孙权、刘备,包括诸葛亮在内,虽名噪天下,但都没有如愿以偿地统一天下。出乎人们的意料,却也是情理之中地,统一大业却落在司马仲达之手,这很值得欲成大业者深思。

无限风光在险峰

艮卦,艮为山、为止,象征攀登的要领。

"山重水复疑无路,柳暗花明又一村",是说攀登高山要有信心。人生就是不断攀登的过程,因为我们相信"无限风光在险峰";成就事业犹如跳高运动,最后必然以失败而告终。学会另辟新径,同时电别忘厂庄天黑之

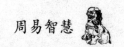

前下山，这就是艮卦给有志攀登者的提醒。

一、世上无难事，只要肯登攀——另辟新径，苏秦合纵成功

据《战国策》记载：苏秦用连横的主张去又说秦惠王，他的奏章上了十次都没有被秦王采纳，身上的黑貂皮袍子穿破了，带的费"都花光厂，资材用品没有来源，只有一副惭愧、憔悴的模样，快快而归老家洛阳。回到家里，妻子不迎接他，嫂子刁；给他做饭，父母不同他悦活，那境地十一分凄惨。但是，苏秦并不因汉秦失败及其亲人对他的冷漠而气馁，他发奋读书，找到了姜太公所著的《阴符》兵法书，发奋攻渎起来。他每天涌读《阴符》，用心研究揣摩其中的谋略。大约花了一年的功夫，终于得其要领，于是放弃连横而采取合纵的主张去游说六国联合抗秦。他先是步人燕鸟集营阙，在毕屋之下游说赵王、赵王十分高兴，授予宰相印，兵车一百辆，锦绣一千捆，白色玉璧一百对，金币二十万两，车队尾随他后面，到各国去约定合纵，拆散连横，以此压制强秦。于是，他先后游说了赵、燕、韩、魏、齐、楚等六国

……苏秦游说六国后，达成了六国南北联合，他便

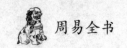

成了合纵盟约的领导人，同时成为六国的宰相。苏秦回到赵国后，赵肃侯封他为武安君。自此，广大的天下，众多的百姓，威严的王侯，掌权的谋臣，都要取决于苏秦的谋划。于是，他将六国合纵的事向秦国宣布。秦兵十五年之久，不敢窥视函谷关。

二、上山容易，下山难——趁天黑之前下山，李夫人将芳华永驻武帝心田

汉武帝时，有一个宦官叫李延年，特别擅长舞伎音乐，深得武帝宠爱。后来他借机将自己的漂亮妹妹介绍给汉武帝，武帝被李女的美艳征服，立她为李夫人，深得宠爱，生有一男，从此以后，李氏家族接二连三地出现在朝政上，而这个结果在下面一场表演之后，更为显赫。

李夫人明白自己是以女人的美貌博得武帝的宠爱，此后家族能否继续这样显赫，取决于武帝是否能不忘她的故情。故而在其病危期间，无沦武帝如何恳求，李夫人执意不肯与他正式相见，武帝无可奈何地离开了。事后，李夫人的姐姐责怪李夫人道："为了和皇上约定家人的未来，怎能以这样冷漠的态度对待皇上呢？"李夫人说："我是故意这样做的，我是以美貌服侍皇上的。

如今皇上若看到我的病容，一定因色衰而爱弛，爱弛则恩绝。皇上之所以对我依然念念不忘，凭的就是我的昔日的美丽、现在我因病久寝，容貌憔悴，不再有过去的美艳了，皇上见后一定会嫌弃，进而抛弃我，怎么还可能对我的家人加以照顾呢?"

李夫人就本着这种信念死也不见武帝，死后她的兄弟都获得了高官显爵。而始终思念李夫人不已的武帝，将她的容貌画在屏风上，在甘泉宫不断思念着地。武帝死后，大将军霍光体谅武帝的心意，将他们合葬，并追溢李夫人为孝武皇后。

李夫人不愧为一位实用惟上的心理学家，她的这种爱情心理战术，表演得何等出色。花容月貌总有衰朽的时候，濒临衰朽之际，也就是红灯显示之时，赶紧刹车，以免被撞翻的危险。

气蒸云梦泽，波撼岳阳城

兑卦，兑为喜悦，又为毁折；既寓意着享受，又象征着失败。气蒸云梦泽，波撼岳阳城。犹如湖泽带给我们万千气象时，也将忧患带给我们一样。成功的喜悦与

失败的遗憾，总是交互出现在我们的人生旅途。

"人生追求的目的有二：一是得到想要的，一是享受拥有的。可惜往往只有最聪明的人才能达到第二个目的。"（史密斯）

追求想要的东西和享受拥有的，是两件截然不同的事，但我们经常把二者搞混。很多人不但追余想要的东西，更把追求的过程视为一种享受。也就是说，人们把目的和手段混为一谈。当然，只为目的而不择手段，会使人破产。随着年龄的增加，使我们懂得后者才具有人生的大智慧。

一、享受现在——渔民优哉游哉

碧绿的大海边，金黄色沙滩上，躺着一个衣着寒伧的渔民，在晒太阳、闭目养神。一个旅游者走来，很为渔民惋惜。在得知渔夫身体没病、天气又非常适合打鱼之后，便问："那么，您为什么不出海呢？""早上，我已经出过海了。""捕得鱼多吗？""不少。起码够我今天吃的了。"游客十分冲动："想想看，如果您今天第二次、第三次甚至第四次出海，您就可以捕到多得多的鱼！那么，一年后，您就可以买一台发动机！两年后您将买一条机动渔船！您可以建冷藏库、熏鱼厂、海鱼腌制厂！……您将能驾驶直升飞机追踪鱼群，用无线电指挥您的船队！您就会捕到更多的鱼！""然后，怎么样呢？"渔夫问。"然后，您就可以优哉游哉地坐在码头上，在温暖的阳光下闭目养神，要不就轻松愉快地眺望那碧绿的大海！"游客兴高采烈地说。"可是，现在我已经这样于——我本来就在这儿闭目养神、眺望大海、优哉游哉——只是因为你的打扰，才……"渔夫打了个哈欠，把头转向了另一边。

二、《老人与海》的成功——失败者的快乐

《老人与海》是一本相当精彩的小说，搬上银幕之后，老人的形象更加栩栩如生。主人公桑提亚哥是个辛勤劳苦、饱经沧桑的贫苦渔民，是生活中不幸的失败者。他出海捕鱼八十四天仍一无所获。经过三天三夜的奋斗终于捕得了一条大鱼，又在回来的途中被鲨鱼吃得精光，返港时只剩下了一副骨架。在同大自然的斗争中，桑提亚哥是失败了，但是，他在精神上却始终是个强者，尽管连遭失败仍不气馁，从不抱怨生活对他的残酷和不公正，更不乞求别人的怜悯和同情。他具有顽强不屈的意志、坚忍不拔的毅力和勇于拼杀，蔑视痛苦、死亡的非凡品质。桑提亚哥是坚强和勇气的化身，他总是一个人在茫茫无际的大海上孤零零地战斗。他虽然战败了，但他很快就振作起来，准备投入新的战斗。他渴望战斗，甚至在梦里也梦见"狮子"，充分显示了他对胜利与未来的热烈向往。他作为老人，深知自己失败的必然，但仍能保持乐观主义精神。在同大自然的搏斗中，他深感一个人孤军奋战是势单力薄的，也很想呼唤着同伴的支援，然而，他始终未能得到这种援助，这在老人来说，又是可悲的。他虽然是个普通的渔民，但他的形象却是勇敢和坚毅的精神力量的象征。

故事中的"老人"与大自然搏斗，这是一场没有胜负的战斗。在他与大海和怪鱼搏斗中，很难分辨谁胜谁负。老人获得的只有疲倦，他回到海边上屋里大睡一觉。所以海明威说"人不是为失败而活"。但是，人也不是为胜利而活，人是为了全力战斗而活。

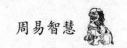

第二篇　做人智慧

　　《周易》是圣人神与物游，神交天地的学问。正因为幽深，所以可以解释天下人的心志；正因为玄妙，所以可以成就一切事务；正因为神奇，所以没有效率却有无往而不达的效率。

　　《明贤集》有句话："但行好事莫问前程"，易学有句话："善筮者不占"，孔子认为善学易的人是不必去用它占筮的，言外之意是用它来指导自己加强个人道德修养。占卜是为了掌握客观规律，在主观上如何努力，变不利变有利，不是要你凭侥幸抱幻想，十年学易终于使我懂得了这个道理。

　　易经六十四卦，是人生处世哲学精辟论述。《风火家人》是女人卦，上九爻辞吉，以诚信治家终归吉利；《雷水解》，上六爻辞吉，冤仇宜解不宜结；《山泽损》

上九爻辞吉，牺牲自己成全他人，终会有满意收获；《地山谦》上六爻辞吉，谦虚和蔼处处受人尊敬，正义之师战无不胜。坏的东西可引出好的结果，坏卦到上六爻而变好。

所以君子将有所作为则必问易，于是他便得到一个说法，有一个指引，于是安然无恙地走近未来。也有事与愿违。这里错误的只是人的判断、决策，而不是易中的智能。因为，易只指方向，只指道路，但道路、方向本身不是成功。一切都在时空中，路还得靠自己走，走快走慢，和谁一起走，路也要开岔，取舍即有吉凶成败，易不能告诉人所有，全在自己把握。

所以，应当这样说，阴阳交错变化，数字错综推演，正如世事如棋，人心似海，这就是变化。知道变化，便可读易经，便可用易经，也便知人事，亦可于此世界安身立命。

胸怀有多大成就就有多大

原文：地势坤，君子以厚德载物。

释义：大地的气势厚实和顺，君子应增厚美德，容

118

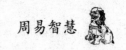

载万物。

释例：《周易》的坤卦里说："象曰：地势坤，君子以厚德载物。"

有一个电视栏目，好象叫"成功人士谈成功"吧，一位台湾来上海做生意的女士，曾谈到成功的"三本"：本钱，本事和本人到场。

这"三本"是指生意而言。所以，第一本就是本钱，然后才是本事和本人到场。

这是个人的生活体验。但从《周易》的层面上理解，这"三本"确实也谈到了一些人生成功的要素。

一个人，无论他从事什么样的职业或工作，这本钱是不可缺少的。

本钱对于不同的工作，不同的环境，不同的对象，有不同的理解和要求。老板需要一些雇员下河捞沙，雇员最大的本钱是身体强壮，适合在水里长时间泡浸。老板需要一位柜台收银员，这位收银员最大的本钱应该是诚实、厚道，而不在于会算、小心。会算、小心也重要，但它仅仅是基本本钱，而不是最大本钱。老板如果需要推销员的话，那么勤快，能说会道，是最大的本钱。

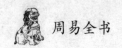

如果人生是一场拼搏，是一场"生意"，那么，你有什么样的本钱，就应该做什么样的生意。这是成功的第一要诀。

《周易》全书64卦，几乎都在强调人的"本钱"的积累。这个本钱，是指道德与精神。

《周易》是一本说"变"的书。变是天道。变是永远。不变是暂时。所以，《周易》认为，什么事都可以变化，并且可以预测（或者说预知）。如果有不能预知（预测）的，那么就是客观太强大，事情太糟糕。这样的情势，就是我们一般人常说的"想都没有办法想"。另外一种情形就是，你这个人用心太坏，太险恶，所以事情不能预测。即使能预测结果，也是不准的，因为你有悖天理人情。《周易》讲究因果关系，讲究"正"。如果你不中不正，老天也帮不上你的忙。

《周易》中有一个著名的故事，说明假如你不中不正，占卜有结果也没有用处。一位王母与奸夫一起，为了窃国陷害天子，结果事情败露。她去占卜，得了一卦，卦师告诉她：可以走。还是吉。但王母自己都知道死期已到，不会脱身走得了的。她说：像我这样不忠不贞的人，做了这样不中不正的事，即使得了好卦，有了指点，也不会逃脱得了。此事不可占也！

由此，君子应当效法大地，以宽厚的德行，负载万物。做人首先要宽厚为怀。这是基础。

坤卦的第二爻辞说："直、方、大，不习无不利。"古代有一个说法：天圆地方。所以《周易》教导人，只要你像大地一样坦荡，一样笔直，又极为广大，如果你具有了"直"、"方"、"大"这样的德行（或者说底蕴），不需要学习，也不会不利。

这里强调了厚德的基本原则是，直率、方正、宽大。正直，端正，广大，具备这样的品质，即使不学习也不会有什么不利。

直，是公正无私的正直；方，是处世果断有方的才干；大，是宽大为怀的气量。这是每一个人处世必须具备的人格魅力。

拿破仑手下一位将军在一次军官会议上说：

在很短的期间内，你们之中的每一个人都将控制另外某些人的生命。你们将领导一些忠于国家但未经训练的公民，他们将接受你的指挥与领导。你所说的话就是他们的法律。你随口说出的每一句话都被他们铭记在心。你的态度将被模仿。你的服装、你的举止、你的言

谈、你的指挥态度，都将被模仿。

当你加入你的部队时，你将发现，有这么一群人，他们对你并无所求，只希望你能表现出一些才能，获得他们的尊敬、效忠与服从。他们已准备妥当，急于追随你，只要你能使他们相信你具有这些才能。当他们认为你并未拥有这些才能时，你最好自己挥手道别吧。你在那个部队中已经没有任何用处了。

从社会观点来看，这个世界也许可分为领袖与追随者两部分。各行各业有他们的领袖，金融世界有他们的领袖，在所有这些领导阶层中，很难（如果不是不可能的话）分辨出纯粹的领导才能以及个人成就的自私因素，没有了这些，任何领导能力都失去了它的价值。

只有在军队方面，我们才能盼望领导者表现出最高尚、最公正的态度，因为，在军中，人们愿意为了信仰而毫不犹豫地牺牲生命，为了正义或阻止错误而愿意受苦或死亡。因此，当我说到领导才能时，我是指军事领导才能而言。

几天之后，你们之中的大多数人都将接受委任，出任军官。这些委任令不会使你成为领袖，它们只能让你当一名军官。它们将把你安置在一个位置上，只要你拥有正确的品行，你将在这个位置上成为一名领袖。但你一定要善待他人，而且要多多善待你属下的人，而不是去巴结你的上司。

我们在读这段演讲时，也许不以为然，因为这是一位早已过时的、不知名的将军的演讲，是与现代社会有着很大距离的文化背景和时代背景下的即兴表述。

可是我们要知道一位正直、有才干、有心量的人，实际上就要具备指挥将士们冲锋陷阵的大将处世风度。这种风度正是"直、方、大"综合品质的凝结和发散。有了这种处世风度，不需要你亲自上前线，仗一定能打赢的，这就是"不习，无不利"的密诀。

广大，必然存在了包容。

像大地一样，容得下千奇百怪，容得下万事万物。

大地既容得下天丽日艳，也容得下狂风大作；既容得下百花争艳，也容得下秋风萧瑟；容得下春风得意，也容得下人生三九……

宽容，就会博大，就会丰富，就会轮回，就会长久。

宽容，也必定包含着正直。一个人自己不正直，无

法做到宽容。

没有正直和正义之心、之行，就不会高屋建瓴；不高屋建瓴，就不能有大的胸襟和胸怀，去包容万物万事。

《左传》说了一个故事。有一个叫南蒯的人，羽翼丰满了就想谋反。你说这种人能宽容人么？他想起事，还占了一卦，刚好是坤卦的"六五"爻。爻辞说："黄裳，元吉。"春秋战国时期，盛行"东、南、中、西、北"的说法，中代表黄色。

皇帝的衣服为什么要用黄色就是从这里来的，黄色代表"中"，代表"中心"。那"黄裳，元吉"就是说，有成功的可能，有取代中心的意象，爻辞又明显说"元吉"，于是他就非常高兴，摩拳擦掌。但子服惠伯规劝他说："忠信的事，则可；不然必败。"接着，给他解释：黄是中色，裳是下饰。你要得到元吉，必须谦逊，藏好自己的文韬武略。什么叫黄裳呢？最初的说法是，士以上身份的人穿黄色的裤子，上身穿黑色的礼服，礼服很长，罩着黄裤子，只露出一点文采，象征着一个人的美德。

只要你能够宽容，一般来说，会成功。

按照《周易》的说法，直即正，方指义。如果一个人能够以敬畏和谨惧的态度，使内心正直，又能以正义的准则作为自己外在的行为规范，他的德行就不会孤立。如果不孤立，得到大家的拥护，离成功还远吗？

宽容的表现，有一大特色就是温和，温柔。

《周易》的作用，完全在阴阳。阴阳生八卦。孔子说：进入《周易》，有一个门。这个门就是阴和阳。

《周易》里所指的"温柔"，有三层意思。温柔是一种美德，但首先要储蓄隐藏，这温柔是天成自然，不是做给别人看的，不是表面功夫；第二层意思是有功不自恃，好比大地生育万物却归功于天，归功于太阳（过去常说"万物生长靠太阳"，其实首先靠地，没有太阳可以用灯光照耀代替，但那个说法是一个传统的说法，一个谦恭的说法）；第三层意思是服从，因为按照《周易》的说法，温柔属阴，阴指地，指臣，指妻（相反，阳指天，指王，指夫），温柔就要有大地的原则，为臣的原则，为妻的原则。

针尖对麦芒，不是温柔。绵里藏针，也不是温柔。

温柔，不仅仅是一种态度，还包括人生价值的取向。

有天地，然后有万物；有万物，然后有男女；有男女，然后有夫妇；有夫妇，然后有父子；有父子，然后有君臣；有君臣，然后有上下；有上下，然后礼仪有所错。

知天地、万物、男女、夫妇、父子、君臣、上下，然后懂礼仪。有了礼仪，才知宽容。

宽容既是立身之本，也是创业的艺术。

每个人都会有不如意，每个人都会有失败，当你的面前遇到了倾全力但仍难以逾越的屏障时，请别忘了：生活需要宽容。

宽容意味着给予，给予别人能使自己变得更加丰富。刻薄意味着摄取，摄取得再多也容易干涸。宽容是有力量的表现，而刻薄却是力量不足的流露。

宽容是人类情感中最重要的一部分，这种情感能融化心头的冰霜，驱散眉宇的阴翳，焕发出重整旗鼓的力量，使你留得青山，可图再起。

宽容是一种无声的教育，"惟宽可以得人"，宽容最终将使伤害你的人情愿或不情愿的走向道德法庭的被告席位，或者受到这宽容的巨大感召，放弃伤害，归顺于美好的人际中来。

　　宽容是人类性情的空间，这个空间愈大，你的情绪就会有转折的余地，就愈加不会大动肝火，纠缠于鸡虫之争；宽容别人，给别人留条后路，别人才会报之以宽容，这也为自已留下了余地；从某种意义上说，宽容别人也是宽容自已，保护自已。给别人留一些空间，你自已将得到一片蓝天；一个宽容的人，到处可以契机应缘，和谐圆满，微笑着对待人生。正所谓："退一步海阔天空"。

　　宽容是心境，是涵养，是境界；它是处世的经验，待人的艺术，为人的胸怀。

　　失败时，多一份宽容，停止对自已的申诉，驱散"一朝被蛇咬，十年怕井绳"的阴影，心中就会少一份懊悔，少一份沮丧，就有了"胜败乃兵家常事"和"尽心焉而已"的自慰，就能在心底扶起一个坚强的我。

　　人人多一份宽容，人类就会多一份理解，多一份真善，多一份珍重与美好，生活中的酸甜苦辣也将化作五彩的乐章。

　　触摸一脉黄土，就感受到整个中国地气的淳淳；脚踩一方空间，就感受到所有炎黄子孙的宽容。人生应厚似黄土，深似空间，屡历苦难而不萎，荣宠而不惊，那

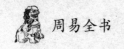

是入得境界的。

无论何时都要站得正，行得正

原文：辨吉凶者存乎辞。

释义："辨吉凶者存乎辞"，什么是吉凶悔吝？"存乎辞"，吉凶悔吝在于各人的观念，各人的看法。"忧悔吝者存乎介"，这是说卜到悔吝卦的时候，忧虞到悔吝，就要独立而不移，下定决心，绝对要站得稳，端端正正。即使到了倒媚的时候，自己能站得正，行得正，一切都可以改变。

释例：有个人非常贫穷，无以自立，但志行高洁，从不做非法、非礼的事。因家里实在太穷，无法生活，他就去给一些商人当仆人。

这些商人带着这个穷人，一齐入海采宝。他们采到了不少宝贝便张帆返航但是到半路不知怎么船停了下来无论怎么划桨也无法让船前进半步。

所有商人无不惊恐万状，知道是因为采宝而得罪了海神，海神来惩罚自己了。于是连忙跪下祈祷，请海神

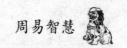

放他们一条生路。

而那个穷人，因为自己平生不做亏心事，所以没有参与他们的祈祷。

船之所以开不动，果然是因为海神作怪。海神有心想惩罚这些亵渎了自己的商人，但船上的这个穷人可是好人，不应连累他。他想来想去整整想了七天，终于想出一条妙计。

海神想："让我考验一下这些商人吧！如果他们经得起考验我就饶恕他们；如果他们经不起考验，那我施行惩罚时，也不会连累了那个穷人。"

船在海上整整停了七天，一动也不能动，商人们都急坏了。

第七天夜里，一个商人作了个梦，梦见海神对他说：只要你们把船上的这个穷人送给我当牺牲品我就放你们走。

他醒来之后，把这个梦告诉了其它人。

他们正秘密商议如何处置时，穷人知道了这件事。

穷人慨然说："好吧！就让我做海神的牺牲品吧！不要因为我一人，而连累你们大家。"

商人们一听穷人自愿牺牲，高兴极了，因为这样便

少了许多麻烦。他们扎了小木筏，在木筏上放了些水和粮食，让穷人上了木筏之后，就扬长而去。

海神见到这情况便卷起一股大浪把商人们的船打翻使他们个个葬身鱼腹。同时，又吹起一股顺风，把穷人的木筏直送到岸边。

穷人就这样安全地回到家乡，与妻儿团聚。

你有你爱做的事，才能使你更有魅力，你爱做的事和做事的风格能体现你的个性，你个性决定了你的创造力。随波逐流的人仅能制造与别人重复的东西。所以，你要创造，就要选择你爱的事做。你爱做的事也许不会带给很多钱，但你依然会得到幸福和自由。人生有两条路，一是为了大富大贵而不择手段，一是做你爱做的事。前者可遇不可求，后者是你无悔的选择。

人有本能、聪明和直觉。在学会聪明之前，本能得到充分的发挥。本能不需清醒。读书学习是一种教育，目的是让人聪明，遏制或控制本能。聪明需要清醒。直觉是不经思考的判断力，是一种超越聪明的本能反应。直觉是在本能得到充分清醒地发挥，又在完全清醒的丧失后的聪明。

得到所求是你个性的实现，你所实现的也仅有你潜力的极少部分，而且你的人生经历显现出的又只有其中的极少部分。不求尽善尽美，只图人格的完整。让人接受你的风格，而非让人根据你一时的失误来评价和判断你的价值。展现你的亮点并不断地提高你技艺，使你做的更好。

富贵从来都是梦，未有圣贤不读书。一生有太多的是不能控制和改变，但你可以控制和改变自己。改变不良习惯，培养良好性格，坚持学习新鲜事物，顺境节制，逆境坚韧，必能达到穷则善己达则济世的人生理想。

现代化高节奏所伴生的优胜劣汰、适者生存以及随之而来的工作、生活、事业、爱情……的压力已使都市的人们不堪重负。人与人之间关系的复杂化却更似一道无形的精神锁链，扼杀与噬咬着那原本纯朴、善良、闪耀着自然人性光辉的心。

于是乎，一种种圆滑的处世技巧，一本本阐述人际关系的书便如蝇返臭，应运而生，成为人们街谈巷议追求模仿的对象。这个城市也因此多了一份尔虞我诈与勾心斗角，人们生活在一个岌岌可危、四面楚歌、人情冷膜的氛围中。久违了那人间的真善美，久违了那失却的

伊甸园，久违了那份纯真与朴素。

人，似乎总要有失去的那一天才知道去珍惜，似乎总要在自我的麻烦、自设的障碍中撞得头破血流、遍体鳞伤，才懂得去珍藏那份至真主纯的感情——纯朴。

纯朴，是一种人生涵养的高境界，是一道亮丽的风景线，是一种超脱和对生命本质的最好诠释。曾几何时，当这个时代的一夜情、包二奶……等病态的潮流使城市变得不再纯洁时，纯朴，就像一支空气清新剂，一味良药，净化和医治着这个创伤的城市与人群。纯朴，又如一道生命的丰碑，永远镌刻着大海般宽容博大的胸襟。

纯朴，就是永远远离娇柔造作与虚情假意。它是一个人涵养与人品的体现，是一份善良与率直的无私的心，天真而不受物欲所蒙蔽。坦坦荡荡、光明磊落，宽容地去接纳所有的人和事。置身这陌生的都市，伴随着霓虹灯动荡闪烁的光影，纯朴，是人生旅途上一声温暖热情的问候，是一份无私的帮助。它，让心灵的沙漠变成水草肥美的绿洲，让人间充满关爱。这纯真的爱，将伴随着善良的我们走过一个又一个阳光明媚的日子，一个又一个春花烂漫的美好年华……

纯朴，不是叫我们一味地专逃避与躲藏现实，而是一种处变不惊与对人生的不懈追求与挑战。当命运之神不再垂青，当噩运像那频繁造访的不速之客时时光临，纯朴，就是坦然地去面对，不做无谓的逃避，勇敢地去直视生，不卑不亢处世；春风得意之时，能洁身自好，虽身居闹市，而能不迷失于纸醉金迷，保持纯真率直的个性。到"富贵不淫贫贱不移"。纯朴，更是一座大山，教人信赖，让人依靠。

如果说处世真有什么技巧可言的话，那么，纯朴，则是最高的人生智能，是一种大写的人生。

懂得谨慎反省与改正错误

原文：震无咎者存乎悔。

释义："震无咎者存乎悔"，无咎就是善补过也。人生没有绝对自己不错的，只要知道忏悔，忏悔的结果就是要补过。

释例："吉凶者，言乎其失得也。悔吝者，言乎其小疵也。无咎者，善补过也。"无咎，就是"没有毛病"，但并不等于"好"，而是在进退之间要注意。换

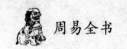

言之，"无咎"是没有大错误。从这里可以看到《周易》的哲学，一个人到了平安无事的时候，这情形又怎样？

孔子说"善补过也"，要特别小心，人不会没有错，随时有错，善于反省自己的错误，加以改正，就是真正到了无咎的时候。因此我们做事业要尽量地谦虚，倘自认绝对没有毛病，这是靠不住的，天下事没有这么好的。"善补过也"还是好好的，懂得小心谨慎反省与改正错误，这是最高的哲学。

益（风雷益），卦辞讲：风雷，益；君子见善则迁，有过则改。

改正错误、修理缺点要坚决果断，雷厉风行。这也是检验人有没有修道的诚心的方法。有了错误不立即去改正，反而借故拖延，找借口掩饰，那一定不是道心高强的人。

孔子云："见贤思齐，见不贤而内自省也。"不断地向比自己德行高的人学习才能增益道德，提高道德水平。故曰：益，德之裕也。

同时一定要有自省的精神，要有改过的精神。《论语学而篇》中孔子的门徒曾参讲："吾日三省吾身：为

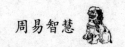

人谋而不忠乎？与朋友交而不信乎？传不习乎？"

有过则改才可以增益道德，提高修行水平。故曰：益，以兴利？

古人讲："人非草木，孰能无过，过而改之，善莫大焉。"这就是说，人生活在社会当中，会有各种各样的过错，但知错能改不是很好吗！

记得有一位学生问过我，他说，古人一日三省，请教我可曾一日三省？我回答他说，现在是速度革命时代，一天只有早上、中午、晚上才反省一次怎么够，而是要具有高敏感度，时时刻刻都要能自我反省才对。

曾经有座宝藏，非常隐蔽，谁能得到它，就能得到永久的幸福，许多的英雄好汉都为去寻找它而付出了惨痛的代价。终有一天，有位绝世高手击败所有的人而寻到它，当它打开华丽的锦盒，看到里面躺着的却是一面镜子，顿时大彻大悟，才真正理解幸福的涵义。每个爱美的人都喜欢照镜子，而照镜子的目的是为了找出不足之处，从而加以修正，来完善自己。反之，如果只看见自己的长处和优点，也就失去了照镜子的意义。生活亦如此，当人生得意之时，沾沾自喜，孤芳自赏，沉浸在自我陶醉之中，忘却了自己的不足，此时，自己的缺

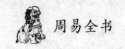
点，展露无疑，毫无知觉，快乐和幸福会长久吗？

给自己一面心灵的镜子，时时为自己照一照，提醒自己，让自己有先知先觉，及时发现自己的短处。人难免会有过失，但只要及时发现，从而下定决心及时改正，亡羊补牢，为时不晚，人生的道路才会走得踏实，一帆风顺。

出错是经常有的，一个人从幼稚到成熟，从一个未经风雨、不谙世事的孩子到一个饱经风霜、目光深邃的老人，他要出几千次几万次的错。出错的精神就在于不固步自封，敢于尝试，就在于不懈地努力探索，寻求正确的目标。

很多人对他人的出错都持一种嘲笑的态度，对先于自己出错的事持一种侥幸心理。有些人害怕出错，有些人厌恶出错。其实想想，出错何尝不是一种人生积极的探索？能常常出错何尝不是一种经常性的收获？敢于出错的人何尝不是一个积极求索的人？

人的一生是由无数个错误装点着的瑕玉，虽不完美但很真实。无数个错误是我们无数个走向成功的起点。错误使我们品格坚毅，性情坚韧，我们在无数次的出错中得到升华，又在无数次改正错误的路上学会执着。

反省是改过的前提，如果我们不知道反省，只会把责任推给别人，然后怨天尤人，觉得自己怀才不遇，或者没有被公平对待，拥有这样的态度，绝对不可能成就任何事情的。有句话说，当你一个手指头指着别人的时候，别忘了！还有四根指头是指着自己。当我们在诉说别人不是的时候，是不是能转换不同的角度想想，我有没有能力把事情处理的更好。

事实上，许多成功人士，他们之所以成功的关键就在于"态度"，他们能够勇于去承担别人不愿意承担的问题，他们总是能解决别人不能解决的问题，更重要的是，没有人愿意做的事，他们总能主动的去做，而且不求任何的回报，许多人以为这些人是傻瓜，这就是短视的想法。

多做事情绝对不会吃亏的，天底下最吃亏的事情应该是，你对事挑三捡四什么也不愿意做，最后自然什么也做不了！

"人非圣贤，孰能无过。过而改之，善莫大焉。"古人在面对错误时就知道没有谁可以一生都不犯错误。所谓"智者千虑，必有一失"。更何况我们平凡之人呢？

自助者天助

原文：是以自天佑之，吉无不利。

释义：这句是说人助天助，要靠自己。就是说，懂了《周易》这些道理，上天就会保佑你。上天怎么个保佑法？就需要你自己照《周易》的道理，做得合情合理，天人合一，要你的修养到达这个境界，就可以天人合一。

再严格说，这个"天"并不是另外一种力量，只是自己的心。懂了《周易》的道理，以此道理做人，动静都看准了，一定是一切都大吉大利，没有坏的，一切都看自己的学问修养如何，所以《周易》是经典中的经典，智能中的智能，包括了科学、哲学、宗教，一切都涵盖了。

释例：拿破仑年轻的时候，一次到郊外打猎，突然听见有人喊救命，他快步走到河边一看，见一男子正在水中挣扎。这河水并不宽，拿破仑端起猎枪，对准落水者，大声喊道：你若不自己游上来，我就把你打死在水里！那人见求救无用，反而添了一层危险，便只好奋力自救，终于游上岸来。

拿破仑拿枪逼迫落水者自救，是想告诉他，自己的生命本应该由自己负责的，惟有负责的生命才是真正有救的生命，所以西方谚语有："自助者天助。"

其实，许多时候我们不是到了不可救药的地步，而是自己先把自己打败，自己认为自己不行了。假如现在你正处在一个不利的位置，那么，请丢掉幻想，自己解救自己吧，这个世界锦上添花的总比雪中送炭的多，如果你表现得坚强，别人都来鼓励；如果你软弱，就很少有人会来扶助你了。

生命的战场不是没有同盟，只是这些盟友只能做我们精神上的"啦啦队"，帮你加油，使你自信。而一切赛程却还是要靠你自己的力量去完成，不能完全依赖别人。许多从艰苦环境中奋斗出来的人们，他们并不比我们多一些天赋，所多的也只是战胜自己、坚强独立、自求多福。即使我们最终没能达到彼岸，但只要我们努力了，用自己的力量征服痛苦，渡过难关，也是一种快乐。

日益激烈的竞争环境和社会生活的紧张节奏，逼迫人们走出了日出而作、日落而息的"田园生活"。

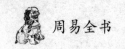

　　为了"站得住"、"立得起",人人都像一只不停旋转的陀螺,不敢也不许稍有懈怠

　　由是人们懂得,不懈努力才可立住脚跟,保持状态并进而实现人生价值;于是人们不再怨天、怨地、怨鬼神,始觉"要创造人类的幸福,全靠我们自己"的至理。

　　俗话说,靠别人的火取不了暖,看人家吃饭填不饱肚子。自助也是如此。离开了自助或说个人的不懈奋斗和努力,终将一事无成。

　　自助者天助之。为人,一生下来,就先天地提供给你一个或优或劣的起步环境。客观地说,这是没办法的事。但有一点定需入心,即表针常走、山河常转。不论境况如何艰苦,地位如何低下,生存如何困难,也不能放弃,不可丧失生活信念;恰恰需要自助、努力和不辞劳苦的奋斗。"自助"就是不放弃努力;"天"就是机遇和成功的好运。只有自助,天才可助之;人不自助,天将弃之。

　　自助者人助之。"不虚心、不知事;不实心,不成事。"自助者大多是实心干事的人;自助者的人生约略是热心待人的人生。对社会、对事业、对人生持有热心的人，可以战胜痛苦，增加能力，减轻艰难；缺少热心的人，永远不能做事，做成事，做成大事。

社会好象竞技场，市场犹如足球赛。个人的"迎门一脚"自然可喜，但离开他人的热心传助决无成功。自助需人助，人助促成自助；只有热心地助人，才会赢得人助。面对天地、社会、事业、人生，个人的对垒力量实在是非常有限的。个人的"自助价值"也只有融合在"人助价值"之中，才能够得以发挥和实现。

正视困难是自助的前提，平和心态是自助的基础，增强信心是自助的保证，不懈努力是自助的途径。

不贪图享受的人会赢得大享受

原文： 困于酒食。

释义： "困"，被围困。"困于酒食"指人反被酒食吃掉了，昏庸而污浊。贪于酒食享受的人很难有前途，必会从享受走向困窘。

释例： 《周易》里有一个故事，说一个官按照他的官阶只能乘坐两马的马车，但为了满足自己的虚荣，为了显摆，他去借了一辆四马的马车。谁知走到了半路，

被强盗误杀了。这伙强盗专抢四马拉的马车，因为乘四马车的官才是大官，级别高，钱财多。

《周易》最后说：享受不应该享受的福，是祸。

人应该有所节制。欲望如果没有节制，最终会像泛滥的洪水将自己淹没。

《周易》里有一卦，专门论述"节制、节约"的卦，叫"节卦"。水流进泽中，过度就会溢出，应该加以节制。节卦形成的理由就是这么简单，这么有道理！节制是美德，因而亨通。

《周易》认为，首先我们人类赖以生存的宇宙，需要节制。"天地因为节制，四季才能井然有序，循环不已。圣贤也要效法天地，建立制度，以节制人的无穷欲望，这样不浪费物质，不伤害人民。"

所以，自古以来，历朝历代，都有自己的礼节与制度，以节制人的欲望；还以这种礼节与制度，来评论官员的德行，以节制其为官为人之行为，使其不逾规范。在这方面，以战国末期的荀子呼吁与主张最为激烈。

但为什么一代又一代过去，中国还是没有很好地解决这个问题呢？关键是两个字，"天子"。所有的人都是民间所生，自然要遵守各种各样的规矩，而有一个"天子"，这个人可以制定各种各样的规矩，惟独他可以不遵守。而中国是一个揣测与模仿最盛的国家，一个人不遵守，就会有一批人为他说出许多可以不遵守的理由；一个人不遵守，就会有一大批人不遵守。于是，就有了"刑不上大夫"的说法。

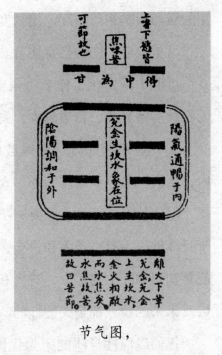

节气图，

出自宋人佚名辑《周易图》

规矩犹如一个装水的羊皮袋，只要有一个小孔，皮囊装水的功能就会丧失殆尽！

美国不一样，人家知道：你这个总统当得不错，但你连任了两届，对不起，拜拜！你不能再做。人民知道你假如再做，会比新上来的总统做得好，但还是不能让你来做。因为你太了解总统应该怎么做了！万一，你有个私心野心什么的，人民会吃不了兜着走。因为美国人懂得，制度是最可相信，而人是最不可相信的。美国宪

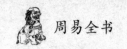

法的核心，是相信制度，用制度管人，不是人管制度。

欲望太盛，伤心伤身伤事。

重温中国文化，你会感悟至深：有心栽花花不发，无心插柳柳成荫。希望越大，失望会越大。

人有内外两部分，身体健康、快乐态度和智能为内，金钱、名声和地位为外。人们都知道内在比外在重要，但依然有一部分人是要财不要命的。快乐态度有益于身体健康，吸引贵人和机会，有助于事业的成功。智能是知识和经历的综合，对人和事情的判断、决定取舍以及未来的预见都是关键性的。

任何以牺牲身体健康为代价的作为都是不可取的。身体健康问题有先天和后天原因，良好的习惯，能使你恢复和保持身体健康。包括平衡的营养（指饮食健康），休闲和娱乐（睡眠和调剂），适当的锻炼（指健身运动），不过度放纵自己（指戒烟酒嫖赌）。

态度决定一切。不管你是否相信，有很多奇迹是因为态度的改变而发生的，但你可尝试一下。譬如，保持一个星期时间不生气，对你的同事、朋友、家人，都别让他们看到你不高兴的面孔。首先你会听到什么，感觉到什么，又看到什么。

在人们心目中，一个智能的人一般应是一个老者，这是因为智能是人对感性经历的理性思考得到的感悟。随年龄的增长，你会逐渐发现智者是平和快乐的人。

人们习惯把金钱名声和地位叫做身外之物，但又都是世人追逐的目标。如果你不贪图这些，就不会有大麻烦。"君子爱财，取之有方"，你有缘发财，何乐不为。但有钱不要显摆，别以为有钱了就脱胎换骨了。

人的品位毕竟不是以钱多钱少界定的。如果你是一个土暴发户，也不妨以钱济贫，回报社会，求得好名声。如果你才高八斗，官运亨通，也就不妨以权扶正祛邪造福人民了。如果你以权谋私，贪财贪色，你也就别想过太平日子了。

是的，经常看到听到一些人谈论生命的意义是什么？什么样的生活才有意义，也许一百个人会有一百种答案，对于那些有成就的人，有名望的人，有学识的人，有影响的人，也许生命的意义很大，生命的价值很高，相对于无数的平凡大众来说，也许生命的意义就是平平安安的活着，一日三餐不饿肚皮，身边来来往往的都是芸芸众生，结识的也都是平凡的老百姓。他们没有辉煌的事业，骄人的成就，渊博的学说，绚丽的头衔，

他们只是普普通通的人，他们勤勤恳恳的劳动，实实在在的生活，只为了能养家糊口，平安度日。

他们也许缺乏远大的理想，宏伟的目标，他们的要求也许很小，只希望孩子健健康康的长大，一家老小无病无灾，他们的不奢望不多，只希望在风雨来临的时候，有一间避雨的小屋，辘辘饥肠的时候，有一碗填饱肚子的热饭，也许他们是弱小的，卑微的，是甘于平淡和平凡的。

可是如果没有凡人的碌碌无为就显示不出伟人的高大，如果没有平川的低矮就衬托不出大山的雄伟，如果没有绿叶的默默无闻就突出不了鲜花的娇艳，也许小草很平凡很常见但人类离不开它，大地少不了它。

人活于世，匆匆的来，匆匆的去，不过短短几十载，在这屈指可数的日子里，有多少是值得计较的，有多少是值得回忆的，有多少是值得铭刻的，这花花世界纸醉金迷，有多少不甘于寂寞的人们梦想着成名，梦想着荣华，梦想着出人头地，满怀激情的去追逐所谓的幸福生活，去捕捉虚幻的梦境，而最终的结果是一场虚空。

生命的意义也许很简单，简单的让你怀疑它存在的意义，也许就是脚踏实地的生活、努力、奋斗，人生的目标永无止境，不放弃梦想，不甘于平庸，是一种积极向上的追求，可是千万别贪图奢华的享受，毁了青春，毁了前途。

也许在当今这个飞速发展的时代里，你不甘于流与俗套，不想平庸的生活，不愿意被时代的洪流抛却，也许你会嘲笑父辈们的平凡，也许你会不屑普通人安于现状的满足，可是，告诉我生命的意义是什么？是奢侈的豪华享受吗？是为了安逸而甘心失去自由吗，是为了金钱可以毁灭一切，是没有道德的出卖，没有廉耻的占有，没有尊严的屈辱，如果是这样那么人生还有什么意义。

其实生命的意义，也许很简单，犹如一杯清茶淡泊、透明、实用，也许它过于简单了，让你骇异它的单调、无味、枯燥，因为我们是凡人，所以我们也许甘于平淡，如果可以在平淡中寻求一种宁静致远的意境，去丰富生命的色彩，时而如高山流水，时而似小桥人家，生活的情趣需要丰富，生命的意义在于创造。

该进则进，该退则退

原文： 变化者，进退之象也。刚柔者，昼夜之象也。

释义： 为人处世，当进则进，当退则退；当高则高，当低则低。所谓进退有据，高低有时也。

释例： 这是两个观念，古时的文字很简单也很美，它的文学境界，往往骗住了我们的思想。这两句话，包含的意义很多。"变化"，《周易》告诉我们宇宙间任何事情、任何物理，随时随地都在变化，没有不变的东西。八八六十四个卦，只是两种爻——阴与阳在变，每一变动，产生一

陶渊明像，出自明·天然撰《历代古人像赞》。陶渊明，字元亮，别号五柳先生，晋宋时期诗人，辞赋家，散文家

148

个卦象，每个现象就不同了。变化是代表什么？"进退之象也"。"进退"，或者是阳多了一个，阳长阴退了，或者是阴多了一个，阴长阳退了，就在这个进退之间，产生变化。为什么不用"多少"而用"进退"呢？

我们研究古书就要注意这一类地方，这是思想问题。假使用"多少"意义就不同了，没有"进退"深刻。"进退"是大原则，是动态，尤其是站在人文文化的立场看，都是一进一退之间的现象，所以变化是进退的现象，非进则退。

在哲学中，常常谈到一个问题，就是一般人常说"时代在进步"或"历史在进步"，但纯粹以哲学的立场来讨论，就不敢这样说了，究竟这个时代是不是在进步？要看用的标准是什么。以东方文化，以人文文化来讲，以古今的书籍、大家的著作比较，就觉得人文在堕落、在腐化。

所以我们中国人动辄称道上古如何，认为越到后来，人越堕落、越腐化，历史并没有进步而是在退化。但单以物质文明来说，时代真的又在进步，所以说时代历史到底是在进步或退步，这是很难讲、很难推定的问题。所以进退之间，要看在哪一个范围，用哪一个标

准，站在哪一个角度上说话。

一个人处世，或者进一步，或者退一步，也没有办法固定，但是始终不是为个人，只为社会，为国家，要有贡献，并不是滑头，但为什么要这样？因为这样站在中间，是等待时机，所以这是无咎的。当然人生做到第四爻，那是最舒服的。

历史上有些人可以做到这样，举例来说，道家所标榜南北朝时候的陶弘景，有名的所谓山中宰相，南北朝几个皇帝，大事都要请教他，但他永远不出来，不做谁的官。像这一类人，所谓上下无常，进退无恒的人，中国历史上蛮多，可是他的情感，对于社会、国家的贡献，并没有忘记，并不是专门为私。

所以，人生是需要好好把握的。

一日，龙虎寺禅院中的学僧正在寺前的围墙上画一幅龙争虎斗图。图中龙在云端盘旋将下，虎踞山头，作势欲扑，虽然修改了很多次，学僧们总认为图中缺少点什么，正巧，无德禅师从外面回来，学僧就请他代为评鉴一下。

无德禅师看后说道："龙和虎的外形画得不错，但龙与虎的特性你们知道多少呢？既然是龙争虎斗图，你们就应该明白，龙在攻击之前，头必须向后仰；虎要上扑时，头必然向下压低。龙颈向后的屈度越大，虎头越贴近地面，它们也就能冲得更快、跳得更高。"

学僧们听后恍然大悟道："老师真是一语中的，难怪我们总觉得太过僵硬，原来我们不仅将龙头画得太低，虎头也画得太高了。"

无德禅师借机引申道："为人处事、参禅修道的道理也一样。退一步准备之后，才能冲得更远：谦卑反省之后，才能爬得更高。"

学僧不解地问："退步的人怎能向前？谦卑的人怎能更高？"

无德禅师严肃地说："你们听听这首诗——

"手把青秧插野田，

低头便见水中天，

六根清净方为道，

后退需知是向前。"

学僧听后，终于大悟。

正如人的性格多变，既有自尊之时，顶天立地，孤傲不群，有如龙抬头、虎相扑；也有自谦之时，犹如龙缩首、虎低头。为人处世，当进则进，当退则退；当高

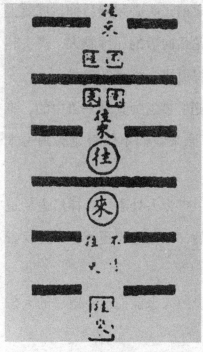

寒往来图，
出自宋·佚名《周易图》

则高，当低则低。所谓进退有据，高低有时也。

世界千姿百态，丰富多彩，人生遭遇和贫富贵贱各不相同，有的平安富足一生，有的坎坷贫贱一世。为什么会有如此差异？怎样预知未来，趋吉避凶？预测人生把握机遇。

当你了解人生之后，则人生就掌握在你手中，行好运时宜把握良机，努力奋斗，开创美好前程。行坏运时，应宜守为安，勿踏危机，减少灾害。若是吉凶参半时，得意须防失意，往来知节要稳步，进退谨慎要三思。

只有知命，才能改善自身在宇宙之间的处境，避开不利的时间和空间，在有利的时间和方位去求得发展，以便在这个大千世界上创造一个辉煌的人生。

太极为有为之道，有为之道总有不测之时。《易》曰：阴阳不之测之谓神。不测之神如何得之。唯由有为入无为方是神之道。故，太极化为无极为神道。

得太极无极则易道易神皆得。是故，见象知类之谓人，由象得理之谓智，由理得道之谓圣，得无极者之谓神。此为易道之全部精华，亦为易道人学易十五年的全部精华。得此精华则成圣成神，用以预测则如神开口，用以治病则药到病除，用以改命则命皆由我，用以安邦则国泰民安，小用小成，大用大成，自由自在，超然物外。

宣尼有云："'用之则行，舍之则藏。'又云：'进退存亡不失其正者，其惟圣人乎。'斯亦名教之内昭昭可考者也。何责渊明之深也！余常谓否则卷而怀之，以简易之道治一心；达则扩而充之，以仁义之道治四海，实古今之通谊也。"

正如林语堂在《爱好人生者：陶渊明》一篇里所讲："也许有人以为陶渊明是'逃避主义者'，但事实上他绝对不是。他要逃的是政治，而不是生活本身。……他是爱好人生的。在他的眼中，他的妻儿是太真实了，他的花园，那伸到他庭院里的树丫枝，他所抚摸的

孤松，这许多太可爱了；他仅是一个近情近理的人，他不是逻辑家，所以他要周旋于周遭的景物之间。所以，结果是和谐，不是叛逆。"

苦难使人奋发向上

原文：往蹇来誉。

释义："蹇"，晦运。"往蹇来誉"意思是苦尽甘来，苦难会给人荣誉。当然，只有战胜了苦难才会赢得荣誉。

释例：中国有句成语说，苦尽甘来。另一句又说，吃得苦中苦，方为人上人。这些都是鼓励人在面对苦难的时候要忍耐，要有个盼望。

是否每一个人都会苦尽甘来，吃得苦中苦的，是否必然成为人上人呢？事实上也不一定。苦难有的是人生必须面对的经历，苦后不一定甘来。

人世间有许多苦难，大致可分为两类：天灾和人祸。天灾：如水灾、旱灾、虫灾、地震等，给人带来许多苦难。当面对这些天灾时，人不能喊出人定胜天的口号，人的力量可以避免、预防天灾，但不能抗拒天灾。

人祸：则出自人为，人对事情处理不当就有灾祸。现代战争，车祸、死亡等等都构成人祸。当苦难临头的时候，我们要不是想躲避它，就是想找人帮助，靠人力来解决，到最后没有办法就只能听天由命了。

最近认识一个朋友，是个农民，做过木匠，干过泥瓦工，收过破烂，卖过煤球，在感情上受过致命的欺骗，还打过一场三年之久的麻烦官司。现在他独自闯荡在一个又一个城市，做着各种各样的活计，居无定所，四处飘荡，经济上也没有任何保障，看起来仍然像个农民，但是他与其它乡村里的农民不同的是，他虽然也日出而作，但是他不日落而息，他热爱文学，写下了许多清澈纯净的诗歌。每每读到他的诗歌，都让我觉得感动，同时惊奇。

"你这么复杂的经历怎么就会写出这么柔情的作品呢？"我曾经问他，"有时候我们读你的作品总有一种感觉，觉得只有初恋的人才能写得出。"

"那你认为我该写什么样的作品呢？《罪与罚》吗？"他笑。

"起码应当比这些作品沉重和暗淡些。"

他笑了说："我是在农村长大的，农村人家家都储

粪。小时候，每当碰到别人往地里运粪时，我觉得很奇怪，这么臭这么脏的东西，怎么就能使庄稼长得更壮实呢？后来，经历了这么多事，我都发现自己并没有学坏，也没有堕落，甚至连麻木也没有，就完全明白了粪和庄稼的关系。

我看着他，他想做一个怎样的比喻呢？

"粪便是脏臭的，如果你把它一直储在粪池里，它就会一直脏臭下去，但是一旦它遇到土地，情况就不一样了，它和深厚的土地结合，就成了一种有益的肥料。对于一个人，苦难也是这样，如果把苦难只视为苦难，那它真的就是苦难，但是如果你让它与你未来世界里最广阔的那片土地去结合，它就变会成为一种宝贵的营养，让你在苦难中如凤凰温，体会到特别的甘甜和美好。"

这个苦难的人，他是对的。土地转化了粪便的的性质，他的心灵转化了苦难的流向。在这转化中，每一场沧桑都成了他唇间的洌酒，每一道沟都成了他诗句的花瓣。它文字里那些明亮的妩媚原来是那么深情隽永，因为其间的一笔一画都是他踏破苦难的履痕。

他让苦难芬芳，他让苦难想醉透。能够这样生活的

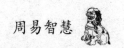

人，多么让人钦羡。

从前看过一则关于鉴真和尚的故事。

话说鉴真和尚刚刚剃度入空门的时候，寺里的住持安排他做了谁都不愿做的行脚僧。每天风里来雨里去，吃苦受累不说，化缘时还常常吃白眼，遭人讥讽挖苦，成绩一点也显现不出来。为此鉴真感到忿忿不平，产生了对抗情绪。

一天，日已三竿，鉴真仍旧睡着不起，住持感到纳闷，于是亲自去了他的房间。推开门，一股臭味顿时扑鼻而来，住持向里面看了看，原来在鉴真睡的床边堆了一大堆破破烂烂的芒鞋。住持叫醒鉴真问道："你今天不外出化缘，堆这么一大堆芒鞋在房间做什么？"

鉴真打了个哈欠，满怀怨言地说："别人一年一双芒鞋都穿不破，可我刚刚剃度一年多，就穿烂了这么多鞋子，我是不是该为庙里节省些鞋了？"

住持听了鉴真的话，马上就明白他的心思，微微一笑，说："昨晚寺里下了一场大雨，你随我去看看吧。"

鉴真虽然不知道住持要干什么，但还是跟着住持到了寺前的大路上，由于是黄泥路，路面经过一夜雨水的冲刷，变得坑坑洼洼，泥泞不堪。这时住持开口问鉴

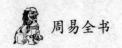

真："你是愿意做一天和尚撞一天钟呢？还是想做一个能光大佛法的名僧？"

鉴真说："我当然希望能光大佛法，做一代名僧，可我一个人人都瞧不起的苦行僧，凭着一双脚和一大堆烂鞋，如何去光大佛法？

主持捻须一问："你昨天是否也在这条路上走过？鉴真说："当然！"

主持问："你能找到自己的脚印吗？"

鉴真摸着脑袋不知所然地说："昨天这路又坦又硬，小僧哪能找到自己的脚印？"

主持反问道："那今天我俩来此走一趟，你能找到自己的脚印吗？"

主持的反问一下子便让聪明的鉴真领悟了其中的禅机：那些一生碌碌无为的人，不经风不淋雨，没有起也没有落，不正就像是一双脚步踩在又坦又硬的大路上吗？脚步抬起，什么也不会留下。而那些经风淋雨的人，他们在苦难中跋涉不停，不正就像一双脚行走在泥泞里吗？脚印印证着生活的坎坷磨难，也印证着人生的价值。

从此，鉴真和尚端正了自己的态度，凭着自己坚定

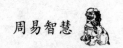

的信念，踏遍了弥漫着樱花醇香的扶桑泥土，最后终于成为了一名令世人景仰的佛教名僧。

我想人生大抵如此：只有在泥泞里行走，生命才能留下深刻的印痕。苦难，可以丰满我们的人生！

苦难是人认识社会、理解人生的主动教材：苦难是人成熟的机会：苦难是竞争社会中，人面临的必然挑战？。苦难中最需要的最坚定的人格和不屈的斗志……

大凡成功者，大多走过的是一道曲折充满血汗的苦难历程。而对生活最需大的挑战就来源越贫越能使人在磨难中脱颖而出。幼时的贫困对有志者能培养一种先天竞争意识，在生活的最底层努力挣扎向上，不断进取、不断攀登，以至到达成功的巅峰。一路的艰辛，一路的苦难，终而培养出超越常人的坚强斗志。

苦难是一所学校，斗志坚强的人在这所学校优秀地毕业，坦荡走向世界未来，克服了人生道路上一个又一个的困难：而斗志薄弱者则过早缀学，在苦难面前，在逆境面前倒下了。

古往今来，有多少豪杰人士出自贫困的家庭，吃尽生活中的苦难。寒门生贵子，白屋出公卿；穷且益坚，不坠青云之志。贝利之子出身于球王之家，而贝利却认

为儿子一定不如老子？是因为他的儿子一出身就拥有了别人在苦难中苦苦挣扎，经过万险才得到的东西，缺乏先天竞争意识。

所以说，苦难是一所学校，只有你在这所学校毕了业，就能毫不畏惧地昂首走你的人生路。

没有恒心会很快失败

原文：立心勿恒，凶。

释义："勿恒"即"无恒"，"立心勿恒"指没有恒心，这样会面临凶险。

释例："先有非常之人，才有非常之事"。这话应该再补充一句：先有非常之心，才有非常之人。有什么样的心，决定了有什么样的人；什么样的人，决定了做什么样的事；什么样的事，决定了取得什么样的结果。

南齐永明年间，有个法名叫僧护的僧人来到石城山，做了隐岳寺的住持。

一天早晨在隐岳寺东侧传来一曲美妙动听的乐曲，由远至近，十分动听，他感到奇怪，就步出庙门，循声音向前走去。登上仙髻岩，果然这凤鸣龙吟的音乐听得更清晰了。

当他蓦然回首，却意外地发现，仙髻岩的千尺岩壁之下，在那平静如镜的龙潭之中，仿佛倒映着一尊端庄慈祥的弥勒佛像。

僧护心想这是佛的预兆，立愿要在这仙髻岩上，凿出一尊高大的弥勒石像。于是，僧护就忙开了，砍柴烧炭，垒石筑炉，采集工具，然后伐木搭架，开始凿

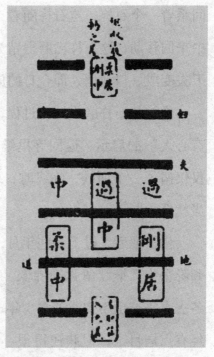

恒久图，出自宋·佚名《周易图》。恒，象征恒久不变，也有坚持不懈之意

佛。这仙髻岩实在太坚硬了，凿一下，岩上只显出一个小小痕迹，这样日复一日，年复一年，连一个佛的头也没凿成。

有一天，僧护心里闷闷不乐，踱出山门，到寺门外散散心，忽然看见有二个妇人在烂泥田中，一仰一合前后摇个不停，仔细一看，二个妇人手里捏着一根绳，中

间系着一个石杵，这石杵随着二个妇人的俯仰，在烂田中来回移动，这石杵已磨得精光铮亮，这田也被磨得凹下去变成一口池塘，即今日的放生池。

僧护从石杵磨成针的过程，从中得到了"功夫不负有心人"的启示，返回寺里继续凿佛。僧护终其一生，仅仅凿了一个面幞，临终时，对寺里的僧众说："再生当就吾志"。

僧护死后，过了一些年月，又有一个叫僧淑的和尚到隐岳寺，继续凿弥勒佛像。僧淑率领众人凿呀凿呀，冬去春来，也不知凿了多少年，一尊巨大的弥勒石像已经有点眉目了，但肤浅得很。再继续凿吧，炉子塌了，铁凿磨平了，脚手架蹋了，资金也短缺。产生了停凿的念头。

僧淑忧心忡忡地踱出山门，走到象鼻山下，看见有二个小孩用一根稻草芯在一块大岩石上来回牵动，岩石下已堆满了草粉。僧淑看到觉得奇怪，就问二个小孩："你们是在磨草粉，还是在锯岩石?"两个小孩齐声回答："锯岩石!"又问："能锯开吗?"二个小孩"虎"地站起来脱去上衣，笑嘻嘻地说："只要有恒心，锯岩何愁稻草芯?!"僧淑猛地据住二个小孩的手，说："对阿！只要有恒心，万事能做成！"于是僧淑返回寺院，不分白天黑夜，专心致志地雕凿着弥勒石佛，一直到死。

二个小孩用稻草芯锯岩石的地方，叫它"锯解岩"。

不知过了多少年，隐岳寺又来了一位和尚，名叫僧右。僧右是受建安王萧伟的派遣，来隐岳寺主持雕凿石佛工程。僧右一到隐岳寺，铺开了比僧护、僧淑更加庞大的凿佛场面。把仙髻岩凿进五丈深，十丈高的大石窟，在窟中雕凿弥勒石像。在公元516年终于凿成功了。

有人说，弥勒佛像凿成功，是终身凿佛的僧护、僧淑、僧右三个和尚，都是大佛寺的开山祖师昙光法师转世的，这仅是传说，不足为信，可是后人对三个和尚以毕生的精力完成这一巨大的艺术杰作表示赞叹："名山入剡昔贤风，文士高僧托迹同。最是石城大佛寺，三生哲匠奇天工。"

这则故事给后一点启示，做任何工作，只要具有锲而不舍的精神，胜利一定属于坚持者。

胜利贵在坚持，要取得胜利就要坚持不懈地努力，饱尝了许多次的失败之后才能成功，即所谓的失败乃成

功之母，成功也就是胜利的标志，也可以这样说，坚持就是胜利。古往今来，许许多多的名人不都是依靠坚持而取得胜利的吗？荀子说："骐骥一跃，不能十步，驽马十驾，功在不舍。"这也正充分地说明了坚持的重要性，骏马虽然比较强壮，腿力比较强健，然而它只跳一下，最多也不能超过十步，这就是不坚持所造成的后果；相反，一匹劣马虽然不如骏马强壮，然而若它能坚持不懈地拉车走十天，照样也能走得很远，它的成功在于走个不停，也就是坚持不懈。

这也就像似龟兔赛跑：兔子腿长跑起来比乌龟快得多，照理说，也应该是兔子赢得这场比赛，然而结果恰恰相反，乌龟却赢了这场比赛，这是什么缘故呢？

这正是因为兔子不坚持到底，它恃自己腿长，跑得快，跑了一会儿就在路边睡大觉，似乎是稳操胜券，然而乌龟则不同了，他没有因为自己的腿短，爬得慢而气馁，反而，它却更加锲而不舍地坚持爬到底。坚持就是胜利，它胜利了，最终赢得了比赛。"水滴石穿，绳锯木断"，这个道理我们每个人都懂得，然而为什么对石头来说微不足道的水能把石头滴穿？柔软的绳子能把硬梆梆的木头锯断？说透了，这还是坚持。一滴水的力量是微不足道的，然而许多滴的水坚持不断地冲击石头，就能形成巨大的力量，最终把石头冲穿。同样道理，绳子才能把木锯断。功到自然成，成功之前难免有失败，然而只要能克服困难，坚持不懈地努力，那么，成功就在眼前。

古语云："先有非常之人，才有非常之事"。这话应该再补充一句：先有非常之心，才有非常之人。有什么样的心，决定了有什么样的人；什么样的人，决定了做什么样的事；什么样的事，决定了取得什么样的结果。

归根到底，在于有什么样的心。有时一个念头就可以决定你的一切。谁都会有这样的经验：做一件事，如果你抱定非做成不可的决心，在做的过程中就会竭尽全力、动用你的一切力量，不怕困难，坚持到底，结果多半都会成功；如果一开始心里就是动摇的，可做可不做，或者认定做不成，做的过程中就会缺乏劲头，并容易懈气，容易半途而废，多半事情就做不成。

所以托尔斯泰才会说："决心即力量，信心即成功。"

所以奥斯丁才会说："这世界除了心理上的失败，实际上并不存在什么失败。"

在做一件事上如此，整个人生也是如此。只有认为自己行的人才能赢，只有认为自己能够成为伟人才能如愿以偿。

乐天知命者无忧

原文：旁行而不流，乐天知命，故不忧。

释义：乐天知命，知道自己，也知道天命，永远是乐观的人生。

释例：友人说，一切宗教都是悲观的，尤其佛家的大慈大悲是讲悲的，只有中国儒家讲乐。像《论语》上几乎没有悲字，都是乐。

有一本明朝的笔记，曾经统计过《论语》上都是乐字，而不谈悲，这也是中国文化不同的地方。

谈生命只谈生的这一头，不谈死的那一头。人多半是悲观的，本来生命是很可怜的，以另一个角度看是很令人悲观，但以《周易》的角度看生命，是乐天知命，很乐观的，没有忧愁。

在《列子·仲尼篇》中的开头，有一则近于寓言式的故事，内容是孔子和弟子颜回关于"乐天知命故无忧"还是"乐天知命有忧甚大"的对话：

孔子闲居，子贡进去侍候，见老师面露忧愁。子贡不敢问，出来告诉了颜回。颜回却取琴而弹，唱起歌来。孔子听见了，把颜回叫进来，问："你为什么独自快乐？"颜回说："你为什么独自忧愁？"孔子说："先说说你的意思。"颜回答道："我过去听老师说，'乐天知命故不忧'。这就是我快乐的原因。"

孔子愀然动容了一会，说："这不过是我从前的言论罢了，现在我对你说实话罢。你只知道乐天知命无忧，还不知道乐天知命有很大的忧虑呢。……从前，我修订《诗》、《书》，删正礼乐，准备用它来治理天下，遗留后世，并不仅仅为了个人的修身，治理鲁国而已。

但鲁国的君臣一天比一天丧失等级秩序，仁义越来越衰落，人情越来越浇薄。我的道在我活着的时候都无法在一个国家推行，更何况施于天下后世呢？于是，我才明白《诗》、《书》、礼乐无救于治乱，但又不知道改革它的方法。这就是乐天知命有很大忧虑的原因啊。"

《列子·仲尼篇》中的这则故事，被用来论证道家的"无知无为，方能无所不知，无所不为"的主张，但从另一角度看，何尝不是孔子悲天悯人伟大情怀的生动

子贡像，选自清·陈洪绶《博古叶子》。子贡，孔子的弟子，复姓端木，名赐，据帛记载：孔子"老而好《易》"，子贡等子不解，问孔子为什么，孔子说《周易》一书产生于"纣乃无道，文王作"的年代，是周文王"讳而避咎"之作，反映了文王的仁义主张和忧国忧民的思想。孔子是"乐其知"，赏识蕴藏在《周易》一书里的文王才智才"好易"的

写照呢？

孔子可能真说过"乐天知命故无忧"的话，但学生只理解"无忧"的一面，而不理解"有忧甚大"的另一面。如果说，"无忧"只着眼于个人的超脱自在，那么，"有忧甚大"则始终关注当世及未来社会的不幸。后者之"忧"比前者之"乐"所体现的情怀更深沉博大。

孔子既然已早知"天命——很清楚凝结着他全部心血和理想的《诗》、《书》、礼乐无救于当世，也难施于天

下后世，这自然使他产生巨大的悲哀和忧虑。那种"乐天知命有忧之大"的凄伤，始终盘踞在心头，到临终之时化为不断的叹息和最后的歌唱，伤感明王不兴，天下无道，空怀治世之道却无所施用。这正是孔子之所以成为"圣人"的原因。

享受人生，须善待生命。人生与浩瀚的历史长河相比，可谓短暂的一瞬。权势是过眼云烟，金钱乃身外之物。珍惜生命，保重身体宁要一生清贫，不贪图一时富贵，这才是做人之悟性。

人身在世也是一种幸运，珍惜生命，享受人身则是最大的幸福，不必为昨天的失意而悔恨，也不必为今天的失落而烦恼，更不必为明朝的得失而忧愁。看山神静，观海心阔，心理平衡，知足常乐，达到善待人生的最高境界，才能真正快乐的享受每一天。

易经讲到，"知周乎万物而道济天下，故不过。"

这是说，为什么我们要懂得《周易》这个学问？因为懂了以后，才能"知周万物"。知即智——智能充满了，对万事万物的大原理无有不懂，然后"道济天下"，做人也好，做事也好，做官也好，随便做哪一行职业，都可以达到救世救人的目的，因此不会有错误了。

在《论语》上看到孔子的感叹，他在四十九、五十岁的时候，才开始读《周易》，而说"假我数年，五十以学易，可以无大过矣!"假如上天多给我活长久一点去学《周易》，可能达到没有错误。故以他的立场来说，人生的修养必须要学《周易》，才能智能周乎万物，不致发生错误，也和无违的道理一样。

诚信而又有心智的人注重过程，并不太看重结果。相信滴水穿石，来得容易走得快。结果容易变化，太多因素会影响结果的稳定性。你有一个梦，是你想要的结果，可不知道你能否实现它，但你还是要执着地为梦想而奋斗。

你很幸运，有一天，你的梦变成了现实，也就是你得到了你想要的结果。在当天或者第二天，你发现那结果给你带来了很多麻烦，你需要花费更多的精力也许你的余生去处理那些后果。

人生追求的应是幸福快乐，这也是你可为世人做些贡献、尽些责任的基础。追求是一个过程，在这个过程中，你保持快乐的心情面对每一天。不把尽责看作是一个结果，而把它看做是一个过程。

有人说我现在没能力为自己以外的人负责，要等我完善了自己后吧，其实不然。自我的完善是一个过程，如果你把它作为一个结果，你就会失去大部份人生的意义。

"独善其身，兼济世人"是一个相互渗透的过程，"苟意地为我，随意地为他"已经是人生不可多求的境界，其结果收获最大的还是你自己。

爱是人的基本需要，求爱是一个过程，得到爱是结果。如果你想得到爱后不珍惜，爱就会丢失。爱的丢失作为过程，可以弥补，也就是说，当你在感到将要失去之时，在没有裂痕形成之前，在你爱的人还没有感到你的粗心之前，你的努力挽救还会有效。失去的爱不能挽回，即使找回来，也不那么可心了。

所以，在爱的失去还没成为结果之前，你一定要精心经营，除非你是一个不想对任何人负责的人。

生命是一个学习和成长的过程。肉体的寿命从出生开始，发育和成长，到死亡结束。你所追求的也许是永生，可肉体的死亡，已经是有史以来证明无法逃避的。心智精神的发育和成长是无止境的。

对心智和精神来讲，生命是一个机会，让你全面知道你是谁，让你有机会感受到爱并无限快乐地让你展现

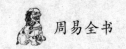

在生活和工作中。

生命的结果并不可怕，因为很短暂。生命的过程的辉煌在于，健康的身体和愉快的精神和谐统一。相信你是在不断地追求一种适合你而又越来越接近你的梦想的生活。

乐天知命，就要有整体和谐意识，就是追求和保持人与自然、人与社会的和谐统一。"变"是为了求"通"，"通"则以各种势力的和谐统一为前提。《周易》讲"三才"之道，就是为了凸显人与自然、人与社会的和谐统一。

《说卦传》中说："立天之道曰阴与阳，立地之道曰柔与刚，立人之道曰仁与义。""道"虽分为三，但核心则是阴阳变易法则。《系辞传》中说："刚柔相推而生变化。"又说："生生之谓易。"这是认为事物变化乃阴阳相互推移的过程。

《系辞传》中又说："神无方而易无体"，"阴阳不测之谓神"。这是认为阴阳相互推移的过程没有穷尽，也没有一成不变的模式。

但《周易》同时也指出，此不测之"神"恰恰是由于阴阳相反性能之间相资相济，相互补充的结果。也只有阴阳相反性能之间的相资相济，相互补充，才能维系事物的健康发展。此所谓"阴阳合德而刚柔有体"（《系辞传》）。

这表明，天、地、人各有其遵循的法则，天道曰阴阳，地道曰刚柔，人道曰仁义。但由于三者均由性质相反的两个方面共同成就，所以又有共同遵循的规律。《周易》追求天人、即自然、人与社会之间的和谐统一，也正是基于此种"共同遵循的规律"。

《周易》所谓的自然、人与社会之间的和谐统一，主要包含两方面内容：一是天人之间具有内在同一性；一是天人之间具有相成、互补性。就前者说，《易传》特别强调人对天道的效法，而主张推天道以明人事。

《大象传》对六十四卦卦义的解释，充分体现了这一特征。如其释《干》卦曰："天行健，君子以自强不息。"释《坤》卦曰："地势坤，君子以厚德载物。"释《屯》卦曰："云雷，屯，君子以经纶。"释《蒙》卦曰："山下出泉，蒙，君子以果行育德。"释《大畜》卦曰："天在山中，大畜，君子以多识前言往行。"释《益》卦曰："风雷益，君子以见善则迁，有过则改。"等等。

这些话表明，在"天之道"与"民之故"之间是存在着内在同一性的，人们通过认识和效法天道，就可以从中汲取教益，引伸出人事所遵循的原则。

就后者说，《易传》又特别重视天人之间的差别性，而主张发挥人的主观能动作用。如《系辞传》说："天地设位，圣人成能。""成能"就是成就天地化生万物的功能。又如《泰·象传》说："天地交泰，后以裁成天地之道，辅相天地之宜，以左右民。"

"裁成"即裁节成就；"辅相"即辅助赞勉。（黄寿祺等：《周易译注》第 106 页，上海古籍出版社，1989年）一句话，就是驾御自然界的法则，参与自然界的变化过程（朱伯昆：《〈易传〉的天人观与中国哲学传统》，载《中国传统文化的再诠释》北京大学出版社，1993 年）。这些都是分别人道与天道的不同，强调人在自然面前应积极主动，参赞天地的大化流行。

正因为天人之间的和谐统一不以消解人的主观能动性为前提，而以发挥人的主观能动作用为基础，所以《周易》特别强调，只要人们努力把握天人之间共同遵循的本质规律，探讨阴阳变易的法则，发挥自我的仁义之性，就能安身立命。

此即《易传》所谓的"穷理尽性以至于命"。做到了这一点，就能"与天地合其德，与日月合其明，与四时合其序，与鬼神合其吉凶。先天而天弗违，后天而奉天时"（《周易·系辞传》）。"先天"即先于天时的变化而行事；"后天"即天时变化之后行事。

这是说只要掌握了道，其德行就能与天地日月鬼神的变化相一致，也就能预测天时，顺时而动，从而达到天、地、人三者之间的整体和谐。

《周易》的这种整体和谐意识，站在天道的立场说，是人与自然的和谐共处与合规律运动。站在人道的立场说，是"顺乎天而应乎人"的道德理想与"保合太和"的精神境界。在这样的"和谐"中，天与人，自然与人，便可以超越分别，达到合一。而达到了这种"合一"，也就是真正达到了《易传》所谓的"乐天知命故不忧"。

"乐天知命"，即参合天地的化育，知晓主体自我的定分，并在万物与我为一的氛围中超越一切忧患，而其乐融融。

这是天与人，自然与社会的整体和谐。此种和谐既是一种美的境界，更是一种善的境界。但它又不仅仅表

175

现为一种境界，还体现为"化成天下"的事功，所谓"天地感而万物化生，圣人感人心而天下和平"（《周易·象传》），即天地交感带来万物化育生长，圣人感化人心带来天下的昌顺和平。如是，则"保合太和"而"万国咸宁"。

人在得意时，就怕忘形

原文：升而不已，必困。

释义：这是人平时立身处世应当遵循心安理得的原则。日有升降，月有盈亏，人有祸福。要做到盈余时不要沾沾自喜；亏损时不要垂头丧气；吉祥时不要得意忘形；凶险时不要惊慌怨恨。一切都是时间、时序的使然。

释例：现代人的格言"顺利时夹着尾巴做人，逆境时挺起胸膛做人"，也就是上面的道理。

"得意忘形者败"，最经典的例子，恐怕就是庄子的《螳螂捕蝉》了。

庄子有一天，看到一只大鸟，但飞得很低。他感觉奇异，拿着弓箭追到林子里。看到一只蝉正在树叶上自鸣得意，引起了螳螂的注意，螳螂正准备引出长长的螳臂捕吃蝉的时候，一只黄雀已经等在后面了。庄子看到这怵目惊心的一幕，把弓箭扔掉了，跑回家去！他想，在这个世界上，为了眼前的利益，一己的利益，物物相害，何时了得？可守园的人还以为庄子偷了果子，大声喊："喂！你跑什么？"

看见了眼前的利益，就得意，而忘形，这会有生命之虞！而不是失败的问题了。

蝉是得意而忘记收敛，导致生命危险；螳

庄子像，选自清·顾沅辑《古圣贤像传略》。战国著名思想家、哲学家、文学家，是道家学派的代表人物，老子思想的继承和发展者。有学者认为《庄子》的"道数"源于《周易》的象数模式，并由此推论庄子的道论和哲学体系是建立在《周》易象数模式的基础上

177

螂为了利益而张扬，把自己推到危险的境地；而黄雀在静观这一幕，等待着自己的胜利，满以为自己是最好的胜算；可惜，在上还有瞄准它的弓箭！

忘形者险。忘形者败！

这不是昭然若揭了吗？

有时候的"得意忘形"，是由于大意，或者一时情急，忘记了收敛。

有一部电影，说有一批士兵化装到敌后，都已经完成了任务，坐车撤退了。但在途中，遇到问话，不小心说了母语，结果西洋镜被戳穿，伤亡巨大。

还有一部电视剧，反走私的，敌我双方在海上火并了。英雄上船追杀走私犯，一位士兵越过一个躺倒在甲板上的敌人，他用枪瞄准了一下，但以为他死了再没有开枪。士兵越过去瞄准敌方的头人，正要开枪，后边装死的敌人开枪把士兵射杀了！士兵成了被追悼的英雄。

要防止得意忘形，得处处小心，不能大意，更不能得意，因为一得意就忘乎所以，忘乎所以，就会惨败。这似乎都成了公理。

往深层的意义想，得意忘形，是一种短暂，是一种更替的象征。

《周易》里，这方面的论述颇为深入。它说，花盛开，这是多么得意的事呀！尽情。可是，得意和尽情之后，便是凋零。含苞欲放，才是长久的美。

寒冬。它肆意地冷，多么威风呀！万物都在它面前颤抖。但它冷不长了，天要回暖了。物极必反，到了一定的极限，事物就会出现反复。

任何的浪骸放形，都是把自己推到极限。会把眼前毁掉，从头再来。

《周易》的一个思想，就是抑制自我，不可放肆。

它从第一卦"干卦"开始，到第六十四卦"未济卦"，每一卦都有这样的意思，只是有一些卦不明说罢了。

干卦里的"初九：潜龙，勿用"，也是这个意思。你还处在一个成长期，力量还不够强大，你还是先抑制一下自己吧，不能显示你自己的力量。

当你幼稚的时候，显形都不可以，更别说忘形了。

后来，孔子评说这一句爻辞时说："这是龙，也就是有作为的人，隐藏看不到德行，意志不因世俗改变，也不争虚名；隐退而没有闷闷不乐，主张没有人接纳，也不忿忿不平；主张能够实现则行，不能实现则罢。坚

定信念，而不动摇，这就是潜龙的德行。"

人是可以得意的。但《周易》认为，人没有什么时候能够得意。

月不圆的时候，可以慢慢圆起来；月圆了，月就要亏了。日还没到中天，它可以到达中天，但到达中天以后，就要西斜了。你得意什么呢？

比方说，你哪天上台了，当官了，但你哪天就要下台，不当官了。因为《周易》说，有始就有终，不可避免。

《周易》的丰卦，是最风光的卦象。丰，表示盛大，高杯盛物。但它的卦辞说，盛大，本身就亨通。王者当天下最丰盛的时候，拥有巨大的财富，无数的人民，不必忧虑，应当像日照中天，普照天下；让人民普遍分享盛大的成果。然而，日当正中，无法持久，不久就偏斜了。因而这一卦虽然亨通，但也隐藏着危机。

像丰卦这样的情形，也不能得意，那人生有什么时候可以得意的呢？

没有。

既然没有，那你还得意什么？还有什么得意忘形呢？

得意忘形，其实是对社会、对人生缺乏一种深入的了解。高兴和得意，是肤浅和无知。

既然你是对社会和人生表现出你的无知和浅薄，那么，社会和人生惩罚你就是当然的事了。

有一个人，打了一个比方。他是这样说的：如果一个人的仇恨，在心中只占据一半，那么他表现得很激烈；如果一个人的仇恨，在他的心中占据了全部，那么他表现得格外冷静。

由此可见，得意忘形或者失意忘形，都是由于"度数"不够，浅薄或者无知。

半桶水荡得很。得意忘形者败！

易经讲；君子终日干干，就是说人一天到晚，都要保持本分，保持常态，永远这样；不但如此，到了晚上，还要警惕自己，不可放松，就像白天一样的小心。就是说到了中年做事得意的时候，做人做事随时随地都要小心，乃至到了晚年都不能放松。

《大学》、《中庸》的思想，都是从这里来的，这就是所谓的"惕若"。"厉"，是精神的贯注与专精，磨磨自己，就没有毛病。不过要小心，因为命运还有重重危机，一不小心随时随地会有问题，对自己要有那么严格

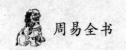

的要求，才不会出毛病。一切在于自己，不在于别人，也不在于环境。人在得意时，就怕忘形。

升而不已，必困。

泽而无水，穷困。

一个是难而有困，一个是好而有困，一个是穷而有困。

由此可见，困的原因是多种多样的。但它的根子是什么？

困卦中有一段话是很有趣的。说人的困难，就像走进了昏暗的深谷中三年也走不出来，见不到光亮，以象征困难到了极点。出现这种情况，《周易》指出，兼有智能不明、本身昏庸的意思。

所以说，出现困难，其根本还是自己的大意与胡涂。

明智与慎辨，是走出困境的两只脚。

无路的时候，也许就有路了。只要我们用心。

有路的时候，也许倾刻无路。如果我们大意。

古人大意失荆州，我们大意可能失去一切，甚至生命。

"物不可以终通，故受之以否。"中国有两句老话：

"人无千日好，花无百日红。"两个好朋友，尤其两夫妻，很难得一千天里不吵架，没有一朵花开到一百天不凋谢的。我们古人看历史看得多么通，最好的时候就是坏的开始，所以泰卦下面，就是否卦。

我们看中国历史的汉朝、唐朝，看西方历史的罗马时代，鼎盛的时候，就衰败下去。家庭也是一样，兴旺的时候，儿女媳妇都骄贵起来了，太骄贵就是泰到极点，否就来了，否到极点泰来了。不但人是如此，历史也是一样，社会发展也是一样，看通了人生，如此而已。

人到无求品自高

原文：用九，见群龙无首，吉。

释义：我们知道九是代表阳爻，从初九到上九，都有解释，用九又是什么意思？再看下面见群龙无首，吉。干卦到这里，才大吉大利。这是怎么说法呢？

这句话在后人研究《周易》的有关书籍里，各有各的讲法，都各有一套理论、一套说词。可是研究通了以后，非常简单。我现在告诉大家一句话，用九就是不被

九所用，而是你能够用九。那么用九是用哪一爻的九呢？哪一爻都不是，又哪一爻都有关系，这就高明了。只有拿中国文化历史来代表说明这件事情。就是我在以前讲《论语》的时候，说过中国文化注重道家的隐士们。

释例：历代的隐士们和当时历史时代的开创，有绝对的关系，可是在历史的记载上都找不到他们，如三国时代的诸葛亮，是谁培养出来的呢？是他的老丈人黄承彦和老师庞德这些隐士。像他们就是用九，改变了历史的时代，而自己又不受环境的影响，所以要用九。

见群龙无首，不从那里开始，永远没有开始，也永远没有一个结束，既不上台，当然也不会有下台。用九最高明，用九者不被九所用。换句话说就是告诉了我们做事的道理，以现代话来说，就是做事要绝对的客观，不是与时代没有关系，而是处处有关系，这是真正领导历史时代的作法。

"群龙元首"，是一个圆圈，完整的，所以大吉大利。以做人来说，人到无求品自高。曾子也说："求于人者畏于人。"越是有求于人家就越怕人家，无求就是用九的道理，用九是元亨利贞，并不是潜龙勿用，潜龙勿用有待价而沽的意思存在，用九则已经忘我了。以现代话来讲，用九是中国文化最高的哲学精神。

近读一则寓言，颇有几分感受，故事说的是有位书生准备进京赶考，路过鱼塘时正巧渔夫钓了一条大鱼。便问渔夫是如何钓到大鱼的。渔夫得意地说，这当然需要一些技巧。当我发现它时，我就决心要钓到它。但刚开始，因鱼饵太小，它根本不理我。于是，我就把鱼饵换成一只小乳猪，没想到这方法果然奏效，没一会儿，大鱼就上钩了。

书生听后，感叹地说，鱼啊，鱼啊，塘里小鱼小虾这么多，让你一辈子都吃不完，你却挡不住诱惑，偏要去吃渔夫送上门的大饵，可说是因贪欲而死啊！

欲望与生俱来。生命开始之时，欲望随之诞生。饿了要吃饭，冷了要穿衣，这是人的本能。仅从生命科学而言，人类绵延生息不绝，可以说欲望是生命的动力。生命停止，欲望则消失。同时，人的欲望的满足，又是生命消耗的过程。

从某种意义上讲，有效地节制欲望，是构建和升华生命，延伸和拓展生命长度的必由之路。

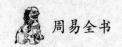

在现实生活中，功名利禄在一些人的心目中是颇有吸引力的。从古至今，有多少人为此追逐争斗。得势者固然有之。但也有不少人因此寻尽了烦恼。有的甚至饮恨身亡，临死前才感到名利的可畏。中华几千年，名缰利锁束缚了人们几千年。

在人类的进程中，充满了真善美与假恶丑的斗争。每经过一次较量，人们便增长一层见识，明辨一些是非。然而，阻碍历史前进的残余势力往往与社会的进步力量形成矛盾的统一体，顽强地存在于社会之中。

如今，在对待名与利的问题上，也同样存在两种不同观念的激烈冲突。有人对名利不感兴趣。各条战线涌现出不少不图名利、勤勤恳恳为人民服务的"老黄牛"。

但是，追名逐利现象也还相当严重。有的为了弄到一顶乌纱，弄虚作假、自欺欺人，以"群众"的名义给上级组织写信推举自己；有的公开跑官、买官卖官。

有的为了捞取一笔私利，哪怕是骗子廉价的贿赂，也要绞尽脑汁，使出浑身解数，惟恐到嘴边的肥肉让别人抢走，见钱眼开，惟利是图。这些人对名与利的追求，已到了赤裸裸的地步，胡长清、成克杰之流便是最好的例证。

老子说得好"见欲而止为德"。邪生于无禁，欲生于无度。当官掌权忘记了世界观改造，忘记了清正廉洁，忘记了立党为公，执政为民，难免产生邪心恶念，而"疾小不加诊，浸淫将遍身"，到头来必然出大事，栽大跟头，为人民所唾弃。

清代陈伯崖写的对联中有这样一句"人到无求品自高"。笔者很赞成这一观点。这里说的"无求"，不是对学问的漫不经心和对事业的不求进取，而告诫人们要摆脱功名利禄的羁绊和低级趣味的困扰，去迎接新的、高尚的事业。

有所不求才能有所求，无求与自强是不可分割的。这正是这句对联所反映的辩证法思想。人生在世，不能离开名利等。但对这些身外之物，必须有一个清醒的认识，保持一定的警觉。一个人只有抛开私心杂念，砸掉套在脚上的镣铐，心地才能宽阔，步履才能轻松，才能卓有成效地干一番事业。

提倡"人到无求品自高"，不是让人们去过那种清贫的生活，而是为了清除社会上的腐败现象，以使那些追名逐利者保持政治上的清醒和思想道德上的纯洁。

内心的踏实来自于长久努力奋斗的沉淀。欲望是无

止境的，人们为满足欲望想出了许多手段，打工、做生意、赌博、诈骗、抢劫，还有出卖灵魂肉体。欲望满足的结果并非能心静。

无欲则静，多数人不能做到出家高僧。在这样一个商品经济社会里，清心寡欲也变得很难。付出不图回报，但必有回报，尽管并非得如所付。尽心尽力的劳动也许不能暴富，总比出卖灵魂肉体来的踏实。

无欲则刚，有谁能做黑脸包公。贪污、贿赂的动机是求速得、速报，不仅失德违法，结果是心虚身肿，故怕风吹草动。目的原本是图一劳永逸，可结果是总盼天下大乱，哪还有刚正不阿。贪官多与娼为伍，向往一种笑贫不笑娼的境界。

无欲无动，无欲无求。社会的发展需要人的进步，欲望是人们进步的动力。欲望的满足并非必然导致心烦意乱。得多施少，得少舍多，心静是相对的。过度纵欲和禁欲的结局都会把你的心理平衡打破。

良心的意义无非是健康和善良，知恩图报。良心坏了，还不是因为做了一些急于求成的事。当然，良心的好坏不能决定心的平安，但自然的一颗心应是良好的，她的跳动是有规律的。爬上楼和采下人是两个给心增加

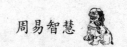

负担的行为。

经常保持心身的均衡

原文：是故刚柔相摩，八卦相荡，鼓之以雷霆，润之以风雨，日月运行，一寒一暑……

释义：所谓"刚柔相摩"，是说这个物理世界的刚柔相摩，用现代语勉强解释为坚硬的和柔软的互相磨擦。譬如物理世界最柔软的东西，老子常说是水。

释例：老子的思想，孔子的思想，诸子百家的思想，没有不是从《周易》里出来的，如"塞翁失马，焉知非福"等这一套观念，也都是从《周易》里面出来的。所以老子也说，"福者祸之所倚，祸者福之所伏。"都是来自《周易》的思想。《周易》的道理告诉我们，像一架天秤一样，那一头重，这一头就高起来；这一头重，那一头就高起来，不能均衡，几乎没有一个时间是均衡的。均衡是最好的状态，但是很少，就以我们自己的心身来说也是如此。我们心理方面的思想，没有一个时候是均衡的，不是心里不舒服，就是思想在混乱。

189

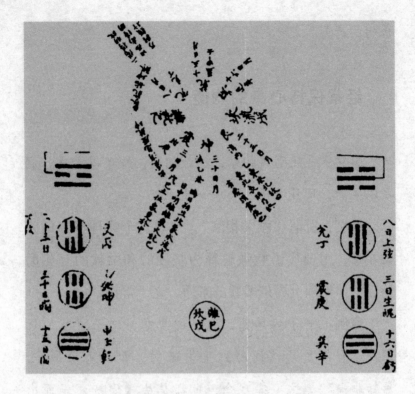

刚柔相摩图，出自元·张理《大易象数钩深图》。《易经·系辞上传》说："是故刚柔相摩，八卦相荡……"

一般人说打坐修道，什么叫作"道"？能经常保持心身的均衡就是道。那么打坐，又何必闭起眼睛、盘起两条腿装模作样呢？我们知道打坐的目的，也是求得身心的均衡，如果身心不是均衡，打坐也没有用。

大家都有几十年的经验，每天不是情绪不好，就是身体不舒服，过分高兴也不是均衡，身体绝对没有一点毛病，心理绝对平和的状态，生活一百年也难得有十天到达这种境界。

这些都说明了，刚柔时刻都在相摩，因此就产生了大宇宙间八卦相荡的道理。

这个道理，推于人事，我们也可了解，人与人之相处，不管是在一个团体或一个家庭，不可能永远没有摩擦，因为"刚柔相摩，八卦相荡"这个宇宙的法则，都是两个彼此不同的现象在矛盾、在摩擦，才产生那么许许多多不同的现象。

一切人事也都不能离开这个道理。我们学了《周易》的好处，就是对于人事的处理会有更好的原则，例如对方发了脾气，就会劝他不要动怒，等一等再说，等他的这一爻变了，变卦了，他不气了，再谈下去，又是另一卦的现象了。

学通了《周易》的人，对别人在发脾气，自己觉得没有什么，他火发得天大，那是"火天大有"，让他发去，发过了以后，反过来"天火同人"，两人还是好兄弟，算了，不要吵了，学通了《周易》，用之于人事，便无往不适了。

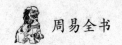

其实就是教人要有颗平常心，要经常保持心身的均衡，你想生活得健康、快乐、幸福、成功吗？那么你就必须学会生存的技巧和方法。要想让自己真正无怨无悔地度过一生，就要懂得并掌握博大的生存智能，学会心态平衡的技巧与方法。

芸芸众生谁不想出类拔萃？谁不想成功卓越？然而，失败平庸者多，成功卓越者少，为什么？

仔细观察、比较，成功者和失败者的差别，均是自我观念的差别。强者、成功的人，知道怎样面对困难、挫折、失败，并设法用积极的心态突破它，改造它，改造自己，建立自信，永远保持乐观向上的进取心。而弱者、失败的人，则自卑、恐惧、逃避问题，即不想改造自己，又不想改造世界，结果陷入迷惘、浮躁、失败的深渊。

物质的贫乏，只能带来生活的穷苦；而哲学的贫困，带来的则是生命的浅薄。

众所周知，衣食住行等生活要素，靠外力都能获得，惟哲学的生存智能，只能靠自身修炼去品味、体验和领悟。

富甲天下，可能忧心忡忡；昭昭大才，不一定心怀坦荡；而富于生存智能的人，临终也能含笑离开人间。

生存智能的富有者是懂得调整心态的人。

心态平衡是金！

明代崔铣曾撰《听松堂语镜》一书。其中的"六然训"，实为身心健康的"妙方良药"，可资学习借鉴：

自处超然：当一人独处时，应保持宁静致远的心境，忘掉烦心事，种花草，听鸟啼、望远方，看天空彩云变幻，或想想令人开心的往事，保持轻松愉快的心境。

处人蔼然：与人相处时应谦虚诚恳，乐于助人。与人交往时应宽容大度，保持良好的人际关系，创造一个轻松愉快的生活气氛。

有事斩然：遇到事务繁杂心烦意乱时，既要深思熟虑，又要坚决果断。"当断不断，反受其乱"、应按事情的轻重缓急有条不紊地去办。这样就不会因事务繁杂而心烦意乱或焦虑不安，反而会为自己有良好的办事能力而高兴。

无事澄然：无事可做时，可吟诗，练字，想想"采

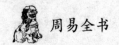

菊东篱下，悠然见南山"的意境，便会令人神清气爽，飘飘欲仙。

得意淡然：得意时，仍需谦和身平，不可狂妄自大，忘乎所以，应学会控制与善于驾驭情绪。

失意泰然：失意时，应泰然处之。人生在世不会事事如意，常是失多于得。在逆境中切不可自暴自弃，应学会知足，主动寻找乐趣，这样才能避免患得患失的不利情绪，以坦荡的胸怀，通利的心境，良好的身心状态迎接种种挑战。快乐，是一种由衷的幸福感，就是"享受一切"。快乐，人人需要，有一句广告词这样说："让我快乐似神仙！"快乐，来自内心的一种平衡，因为只要活着，快乐就会在前方等你。你自己和蔼可亲，将会使其它人感到快乐，你也会得到快乐，而这种快乐是无法以其它任何一种方式获得的。

心情和智力决定你的命运。如果你认为你在挣扎，你就觉得无奈和不快乐；如果你感觉到你在贡献而且实现自我价值，你就不觉得累。

你是个体又是全部，就象你是汪洋大海中的一个波，个体和全部是统一体，人的痛苦是由把个体与全部分离而造成的。

精神和物质是不分割的，如果不是物质来自于精神，那么物质已是来源于看不见的出处。

把工作视为玩乐，也是你对生活有所贡献、实现自我潜能的唯一途径。有人是快乐的，有人是郁闷的；有人是幸福的，有人是痛苦的。

由此，我们必须正确划分理想主义者与现实主义者的最大区别。

理想主义者追求的是自然和完美，表现出的是热情、天真和无拘无束，其所作所为多是大手笔。现实主义者追求的实用和控制，表现出的是谨慎、老练和我行我素，关键时候还是以庸俗代替性情。

理想主义者凭心、情、义、仁和道德来处世，宁缺毋滥。实用主义着凭脑、利、霸、安和征服来处世，不择手段。小到个人、家庭，大到社会、国家、地球、宇宙。道义和霸权是体现理想和现实的两种力量。暴力是实现霸权的手段。如果暴力有时也被用做实现道义的途径，就不再是理想主义者所期望的了。

人是理想与现实的统一体。作为平民布衣，理想主义者多清闲、幽雅、飘逸，有时会游离逃避；现实主义者多富足、强壮、计较，有时会施舍得多一些来换取更多的实惠。作为王侯将相，理想主义者多清廉、根基不深，现实主义者更能从实惠中建立基础，大权在握、呼风唤雨。理想主义者独裁的天下多安贫，现实主义者掌管的国度多乱富。

一艘船由理想主义者掌舵，由现实主义者辅助，也许会歌舞声平，国泰民安。如果反之，也许会国富民强，但要有更强大的武装来保障。

不妨读一读下面这则宽心谣：

日出东山落西山，

愁也一天，喜也一天。

遇事莫钻牛角尖，

人也舒坦，心也舒适。

每月领取养老钱，

多也喜欢，少也喜欢。

少荤多素日三餐，

粗也香甜，细也香甜。

新旧衣服不挑拣，

好也御寒，赖也御寒。

常与知已聊聊天，

古也谈谈，今也谈谈。

内孙外孙同样看，

儿也心欢，女也心欢。

全家老小互慰勉，

贫也相安，富也相安。

早晚操劳勤锻炼，

忙也乐观，闲也乐观。

心宽体健养天年，

不是神仙，胜似神仙。

事情一开始，就应想到后果

原文：初六，履霜坚冰至。象曰：履霜坚冰，阴始凝也，驯致其道，至坚冰也。

释义：当早上打开大门，踏到地上有霜的时候，就知道跟着天气要冷，准备衣服过冬了。跟着来是立冬、

小雪、大雪，就要下雪了，黄河要冰冻了。这句话就是告诉人，如果讲哲学，一个学过《周易》的人，就会知道前因后果。一件事情一做的时候，一定晓得后果，对这件事结论如何，自己的智能应该知道，因为履霜坚冰至，任何事情都有它的前因和后果。

履霜坚冰，是冬天阴气开始凝结起来，开始是前因，至于后果，则"驯致其道，至坚冰也"。顺着这个时间下去，就天寒地冻，地下要结冰的。但是假如作战，在北方碰到这情形，就知黄河要结冰了，不需几天就可渡河而过。

释例： 在抗战期间，我们国运昌隆，连续八年黄河没有结冰，假使结了冰，的确有问题，日本人的马队一下子就过来了，日本人一直在等这个机会，可是上天保佑，抗战八年中黄河就没有结过冰。举这个例子，就是说明同一个卦，看情形如何？可有利也可不利，运用之妙存乎一心，不要迷信，这是智能的事情，全靠心灵偶然的判断，如果加上主观就不行了。

以前有一位善卜的人，占卜到他自己的一只宝瓶在某月某日正午时会破碎得四分五裂，他就不信，在这一天把这只宝瓶，安安稳稳放在桌子中间，自己则坐在桌旁守着，看这只宝瓶如何破法。到了中午他的太太把饭做好了，叫他吃饭，叫了几次他都不理，太太见他不声不响不动，老盯着一个瓶子发呆，就故意开玩笑，欲惊醒他，拿了一条鸡毛掸子向瓶上一敲："你看这宝瓶干什么？"不小心把这宝瓶敲破了，于是他哦了一声悟了，悟了什么？忘记把自己算进去，就是没有把主观算进去，这是关于算卦的有名故事。但这故事中含有很高深的哲理，人处理任何事情，往往不是忘记了自己，就是把自己看得太高，这是做人的修养、事情的处理要千万注意的道理。

人生要时刻警醒。它要求人们在做每一件事之前，要有一种警惕、戒惧的心理，要重视事物的结果。如果有好的结果，就努力去做；如果明知没有什么好结局，就应该慎重或者推延。这样就减少许多不必要的牺牲和浪费。

当然，这种慎重与戒惧不能过了头，因考虑结果而不敢开头。所以现在有理论家批评中国人的思维与现状，说西方人只重视过程，而东方人只重视结果，只是

看到警醒人生消极的一面，只是说了事情的一面，并非全部。

但我们必须明确的的是，有因就有果，世事大都不外乎这一点。

天地鬼神都说谦逊好

原文：有大者不可以衣，故受之以《谦》。

释义：《序卦》的说法更加单刀直截："有大者不可以衣，故受之以《谦》。"——"天"有大而亏其盈，益其谦；"地"有大而变其盈，流其谦；"鬼神"有大而害其盈，福其谦；人类有大而恶其盈，好其谦。君子有大，天下安危系于一身，所以他理应把天、地、鬼神浩然之谦统统都包含在自身里，以期吉祥利达。

释例：作为一种政治投资，既然"谦"道能够给人们赢得这么大的回报，那就不妨"牵着胡子过河"——先谦虚（牵须）一把再说！

人的第一大美德，就是第一大本事。翻遍《周易》64卦，如果说一点瑕疵都没有的，只有一卦——谦卦。

即使干、坤两大卦，都是有它不好的地方的，惟有"谦虚"和"谦逊"，连鬼都喜欢。《周易》说，谦逊，通行无阻。因为天的法则，是阳气下降，救济万物，而且光明，普照天下；地的法则，是阴气上升，使阴阳沟通，所以亨通。

天的法则，使满盈亏损，使谦虚增益；

地的法则，改变满盈，使其流人谦卑；

鬼神的法则，加害满盈，降福谦卑；

人的法则，厌恶满盈，喜好谦虚。

这些，并非我杜撰。

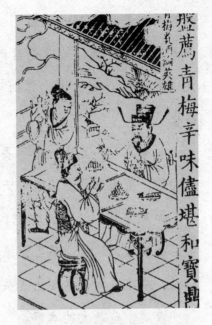

版画"煮酒论英雄"图，选自《三国志通俗演义》，描绘了曹操、刘备青梅煮酒论英雄的场景，讲述刘备以畏雷声掩饰心惊，解除了曹操的疑心。这是罗贯中借用《马王堆周易帛书》《震为雷》卦辞的写法，演绎出闻雷失箸的精彩故事

它的原文是"谦亨,天道下济而光明,地道卑而上行。天道亏盈而益谦,地道变盈而流谦,鬼神害盈而福谦,人道恶盈而好谦。谦,尊而光,卑而不可逾,君子之终也。"

如果你是一座山,你不畏惧,你不怕一切。好!风来吹你,雨来淋你,终有一天,要把你损为平地。

如果你是一座山,你把山隐藏起来,说你是平地,甚至是洼地,这样,风会刮来许多尘土,雨会流来许多沙泥,终有一天,你要出人头地。

谦虚,是最大的本事。

有伟大成就的人,不可自满,必须谦虚;

想成就伟业的人,必须谦虚,不可自满。

古人有一句名言:"卑让,德之甚。"所谓卑让是压低自己的地位去屈就对方,这就是"处世"的根本。刘备本身所具备的德就是这种卑让的态度,其中又可分为两个方面,即谦虚和信赖。

《三国演义》中把刘备描写成一个大好人,评价与曹操完全相反。不过,若从个人能力上来观察,刘备是一个无能之辈。曹操参战的获胜率为八成,而刘备只有两成，可以说是败多胜少。结果曹操顺利地扩充势力，而刘备却时沉时浮，举兵二十年后仍毫无建树。这种结果实属必然，因为刘备不仅作战能力低下，而且政治手腕同样拙劣，故难有成就。

既然如此，曹操为什么会将能力远不如自己的刘备视为最强的对手呢？根本原因在于刘备拥有一种足以弥补个人能力不足的秘密武器。这种武器不是别的，是用人，如果把"善于"作为一种"德"，那么，刘备便是靠这仅有的一德而显其贤能。

譬如有名的"三顾茅庐"的故事，刘备为了聘请诸葛亮为军师，不惜三次亲自到诸葛亮的茅屋去请他。

当时两个人地位相差悬殊，刘备虽然在争霸的过程中不太顺利，但是也颇有名望。而且刘备当时已年近五十，而孔明却是个二十岁出头的无名小卒。刘备竟然会特地三次造访孔明，以最崇敬的态度请求孔明做他的军师。以至在孔明应允之后，又马上将全部作战计划等国家大事都委任于他，这实在是最彻底的谦虚态度以及深切的信赖。

"六四，樽酒，簋贰，用缶，纳约自牖。终无咎。"

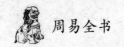

一樽酒两篮饭，是说在艰险困难的情况下能够推心置腹、相互信任地交往，刚柔相济，所以最终免遭灾祸。

孔子曰："《易》先《同人》后《大有》，承之以《谦》，不亦可乎?"我们知道，所谓"先《同人》"，就是首先想方设法取得人心;"后《大有》"，就是以人心为资本顺势取得天下;"承之以《谦》"，就是继而以谦卑之道维护到手的天下长治久安——孔子半掩半藏仿佛是一个威府老辣的政治设计师在向人们嘀咕他的政治保险——你想想，这对七上八下忧患重重的当权者来说，耐着性子听一听这样良苦的巧安排，又有什么不好的呢?《尚书，大禹谟》早就说过:"满招损，谦受益。"

人生苦短。要在有限的年华当中，有所作为，有所建树，建设精神最为重要。

在上一个世纪六七十年代，盛行"破旧立新"和"先破后立"，那都是非常时期的手段。旧的框框太多，旧的局面难以打破，迫不得已，才能采取那样的手段。

那是一种气魄，是破釜沉舟，是孤注一掷。气魄有，但缺乏了一种子和的心态。

这种"先破后立"的建设精神，代价太大！

更多的时候，需要一种平和的心态，需要一种良好的建设心理与建设精神。

人的一生，事业与成就，都需要这种心理与精神。

循序渐进，不急躁。这是建设精神的第一要素。

《周易》的渐卦就十分强调这一点。按《周易》的解释，"渐"，是水浸透，有渐渐前进的意思。

柔顺的停停进进，就是渐进的意思。这对年轻人特别重要。停停进进，才符合事物的规律。一鼓作气，是人为的精神。年轻人要注重学习停停进进，而中年人则要强调一鼓作气。因人而易，这对成功可能效果更好。

良好的建设精神，表现在做事不能急，一步步来。

《周易》里有一个很好的比喻：渐，是象征出嫁女子品德纯正，当然吉祥。

什么是出嫁女子的纯正品德呢？就是一步步来，不急，不乱来。先选日子，再准备嫁妆，然后过门，再入洞房。

心焦吃不得热芋头，乱了步骤会出洋相。

这就是停停进进，而不是一鼓作气。

人生的建设，实际是人的道德的积累。

渐卦的象辞说："山上有木，渐。君子以居贤德，善俗。"

山上有木，渐渐长成，这是一种自然现象。我们应当效法这种精神，逐渐培养我们的道德，积累我们的贤惠。如果我们的高贵品质像物品那样，多得可以"奇货可居"，而且已经形成了一种人生的风范，那我们的人生建设就一日千里了！

文明礼节，是建设精神的第二要素，堪称基石。

人生的奋斗，成就的取得，要在社会的规范里进行。

《周易》的履卦是这样说的："上天下泽，履。君子以辨上下，定民志。"

上天下泽，这是一个现象。天在上，泽在下，分际清楚。人活在世上，对于人际关系也是要弄清楚的。

如果是在古代，公、卿、大夫、士，依功绩才能赐予爵位；农、工、商，则按身份限制你的财富。

——这就是古代的礼和节。

现代社会，人际关系，没有古代的那么尊卑分明，但上下左右，也是要处理得当，你才能如鱼得水。

心安才能理得。理得才能有成就。

所谓处理得当，其中有一个最重要的问题，那就是如何处置不同人群的利益。

《周易》说，后世的公、卿、大夫、士，无功无德，却想得到爵位；农、工、商，企图获得与他们的付出不相符的利益，这样，天下就会大乱。社会在多劳多得，而不是多权多得或者多说多得这样的分配原则下，才能安定，才能发展。

所以说，要想得到成就，要想成为成功的人，理解社会的分际，注重已经存在的文明礼节，也就是我们今天所说的"游戏规则"，至关重要。

人生的成功和发展，与一个国家或者一个地区，是同一个道理的。

事业成功所需要好人缘。人缘哪里来？安定的环境，和谐的人际关系哪里来？

应该说，全从谦虚中来。

《周易》的谦卦里有一句话是这样说的："对于谦虚，连鬼神都喜欢，何况人呢？"

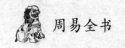

谦卦的卦辞里有一句很重要的话："谦亨，君子有终。"

你想亨通，想有始有终，就要谦虚。

《周易》是一本充满忧患思想的书，它的爻辞都是好坏参半的。惟有谦卦的卦辞每一条都是好的，可见古人对谦虚德性的崇尚。

《周易》认为，谦逊就会通行无阻。因为它符合天地人间的法则。

它说，天的法则，是阳气下降，救济万物，而且光明，普照天下；地的法则，是阴气上升，使阴阳沟通，所以亨通。

它还说，天的法则，使满盈亏损，使谦虚增益；地的法则，改变满盈，使其流人谦卑；鬼神的法则，加害满盈，降福谦虚；人的法则，厌恶满盈，喜好谦虚。

如果我们不谦虚，那就是同天，同地，同鬼，同人作对了，还能成功吗？

不死，已经万幸！

谦虚，不仅是《周易》所倡导，儒家也特别的尊重。而老子的道德，也可以说是专门用来解说谦虚的。

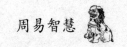

墨家的兼爱，也都源出谦虚的精神。

谦虚的好处，谦卦里说得特另，姗形象——

如果你说你是一座山，那就风吹雨淋你，让你受损；如果你说你是一个坑，那风就会带来尘土，水就会流来泥沙，让你增益。

谦虚是成功的聚宝盆。

谦虚，或者说谦让，还是人生最锐利的武器。

古人说，以退为进，就是这个道理。退，就是进。进，就是锐利。

老子说："大国对小国谦卑，就能取得小国的服从；小国对大国谦卑，就能取得大国的包容。"世界各国的元首、领导人都应该看看老子这段话，可惜他们都忙于倾扎、排场和野心（说得好听点是理想或者抱负）。

人生的建设，要在一种谦谦之风气中进行。

有了包容，也有了服从，什么事情都可以去做了！

善恶到头终有报

原文：积善之家，必有余庆；积不善之家，必有余殃。

释义："余庆"、"余殃"的"余"字，余是剩下来的，余是有变化的，并不是一定本身就报，这是中国人对因果报应的定理，中国文化一切都建立在这因果报应上。

释例：由此看来，刘备在临死的时候，吩咐他儿子两句话："毋以善小而不为，毋以恶小而为之。"以刘备这样一位枭雄，对自己的儿子作这样的教育，都是从中国旧文化来的观念。我们看历史传记，常常提到某某人的上代，做了如何如何的好事，所以某某人有此好结果。

初六爻辞说："履霜坚冰至。"这就是说，当我们足下踏着霜的时候，就应想到阴寒已甚，阳气渐消，天气就要逐渐冷到结成坚冰了。

比喻到人事上来，就有"防微杜渐"的意思。如殷纣之宠爱妲己，咸丰之纵容慈禧，不慎之于始，以致身败国乱。

如孔子在《周易·系辞传》中说："积善之家，必有余庆，积不善之家，必有余殃。臣弑其君，子弑其父，非一朝一夕之故，其所由来者渐矣，由辩之不早辩矣。

易曰：履霜坚冰至，盖言顺也。"这些都是表示未注意"履霜"的坏信息而加以防止，从而酿成"坚冰至"的祸患，天下之事，大多如此。

所谓千里之堤，溃于蚁穴，顺之则为祸，当防微杜渐。

佛教的精神是无我利他，利于众生的一种精神。佛教讲因果业力，善有善报，恶有恶报，佛教讲究前世、今生、来世。

我们每个人，每个众生，都有前世、今生、来世，我们每个人都有因果业力。善有善报，恶有恶报。是善因和恶因这两种因缘操纵我们的人生，比如前世造什么因，今生有这种果。前世有善因，今生有善果；前世有恶因，今生有恶果。

所以我们这种命是因果来决定的。不是什么天神来决定，上帝来决定，祖先来决定，不是这样的。跟上帝、祖先、老天爷没有任何一点关系。

"善有善报，恶有恶报"这句古老的箴言，仔细品味，的确能咀嚼出于今人生活实践有益的营养。

　　善有善报，恶有恶报，表达了善良人们的强烈心理期待。拉法格在《思想的起源》一书中向人们描述了原始人对善恶有报的深切渴望。其实，文明人又何尝不是如此？正义的理念无论怎样千变万化，报复的公正，即善有善报，恶有恶报始终是正义一成不变的内涵之一，文明人类早已把善恶有报嵌入正义的深层结构之中。也许正是对善恶有报的渴望，才有对善无善报、恶无恶报的一些现象的控诉，及古代社会对清官的祈盼与向往和宗教对来世报应的虚设。因此，顺乎民心，自然包括尽可能地满足老百姓善恶有报的愿望。

　　善恶有报也是健康社会的重要标志。它意味着社会的正义，一个好人没有好报，坏人受不到社会惩罚的社会，无论如何与公平正义相去甚远。它意味着社会的效率，社会的发展各项事业的繁荣，从根本上仰赖人的积极性的充分调动，而要调动人的积极性，就必须对有益于社会的行为给予奖赏，对危害社会的行为给予惩罚；它意味着社会秩序，因为社会秩序的诸多要素，诸如人心的顺畅，社会凝聚力的形成，良好社会风气的营造，害群之马的铲除均与善恶有报有着因果关联。

霍尔巴赫在《神珍神学》一书中说："在每一个国家中，公民都应按照他对同胞所做之事是善是恶而得到奖励或惩罚。如果社会在这方面处理不当，嘉奖了不配的，无用和有害的人，它将自食其果"。

葛德文也说："人们所得到的待遇是要用他们的功绩和德行来衡量的。如果在一个国家里，有益于其同胞的人并不比敌人更使人觉得满意，那个国家就不会是一个智能和理智之邦。"

善恶有报也是社会道德建设的途径之一。经验表明，社会赏罚与人的行为之间存在因果关系，以善恶有报为基准的社会赏罚机制无疑是美德赖以生长的肥壤沃土。

倘使人们的善行得不到应有的奖赏，甚至不得不付出高昂的代价，比如见义勇为不但流血还得流泪，诚实经商并未因其诚实而在市场竞争中占得先机，反倒被人讥为傻子，那么，还能有多少人经受得住如此严峻的考验而义无反顾？

同理，如果恶行受不到应有的惩罚，甚至还会得到奖赏，其后果必然是造成挡不住的诱惑，使作恶者愈加

有恃无恐，使原本善良者受到侵蚀。

相信世界上绝大多数人跟我一样，是希望"善有善报，恶有恶报"的，然而有时事实却常常证明这是我们的一厢情愿，自古至今，好人受冤枉，好人吃亏的，比比皆是。坏人呢，也不一定都得到惩处。不过我虽不太相信"善有善报，恶有恶报"，却极信"多行不义必自毙"这句话，不信你也看看，自古至今，那些张狂无度之人，哪个不栽跟头？那些大奸大恶之辈，哪个有好下场？这两段看似矛盾的话，其实一点也不矛盾，这是大自然"物极必反"的规律在起作用，大自然绝不允许一种力量无限制地发展，它总是让各种力量之间互相制约，以达平衡。为此，它给所有事物都设置了一个极限，超出这个极限，就向相反的方向发展，如强极则弱，盛极则衰。

行善就是有极限的事情，即使"大善"之人，也不过牺牲自己一个人的利益。牺牲一己之利益服务于大众，每个人不过得到其好处的几分之一，甚至几千几万分之一，"行善"之人自我牺牲很多，每个人得到的却不多，所以"行善"有可能"有报"，也有可能得不到回报。

但是行恶没有极限，"小恶"之人是牺牲别人一部分利益成全自己，"大恶"之人往往为了一已之利，牺牲许多人的利益，这样，他就打乱了人类社会固有的秩序。

人类社会的运行，全靠和谐的秩序，如一条公路上的滚滚车流，所有的车辆都在相规定的车道上行驶，红灯停，绿灯行，便行驶快速而安全，若有一部分车辆不顾规则，横冲直撞，必使整条路瘫痪，这辆车呢，不是自己撞坏，就是被交警拖走。

"大恶"之人就如那些横冲直撞的车辆，最后必遭惩罚，这就是人们说的"多行不义必自毙"。

和谐有序，不仅是人类社会之规则，也是整个宇宙之法则，茫茫太空，所有的星球都沿着自己的规道运行，于是星系虽以亿万计，却从未乱撞作一团。于是地球上方有日升月落，四季循环，我们在此生存、繁衍。

一个人人向善的社会，必是理想社会，因为善有极限，人人皆在其极限内活动，是个秩序社会；一个人心险恶的社会，必是危险的社会，因为恶无极限，若任其

发展，必使多数人的利益难以保障。

回看历史，就会发现，越是有序社会，行善之人越得到尊重，越是无序社会，作恶之人越会猖獗。旧的秩序已经打乱，新的秩序尚未建立之时，往往就给"恶人"以可乘之机。"乱世出枭雄"的道理也在于此，枭雄虽有能力，就其品质而言，却很少是好人。

顺便说一下"好人不长寿"，这句话有一定的道理，因为好人大都忍辱负重，吃亏多。但也有许多好人心胸坦荡荡，远比一般人长寿，也有一些坏人，点滴得失放在心头，反不得长寿。

"好人不长寿"主要反映了一种社会期望值，凡坏人，大家都巴不得他早死，就是年轻丧命，大家也只有拍手称快，绝没有怜悯他短命的，若是好人，就是活到七老八十，大家也还希望他继续"长寿"下去。

几千年以来，人类社会的一切努力，一切奋斗，就是为建立一个和谐有序的社会，让"善有善报，恶有恶报"，让"好人都得长寿"。

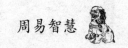

岁月留声人过留名

原文： 无成有终。

释义： 人生有两条路，一条是现在的事业成就，一个是千秋的事业，像宋朝的三个大儒，朱熹、程颐、程颢等，官做得并不大，他们在学说上留名万古，永远有地位；如韩信、张良辅助汉高祖千古留名，但是无成，自己本身不会成功的，虽然不会成功，可有结果。反之，人若有房子，有钞票财产，不见得是成功。

释例： 中国俗语多。俗语是生活的象征，更是大自然的化身。"雁过留声，人过留名"就是中国千百万俗语中的一条。

"雁过留声，人过留名"，在历史上留下自己的痕迹是许多人的愿望。如今，英国一所网上"传记图书馆"给小人物也提供了青史留名的机会，只要登录注册，你的生平信息就会被永久保存，成为不朽的"历史史料"。可这决不算真的留名。

"大雁往南飞，一会儿排成一字，一会儿排成人字

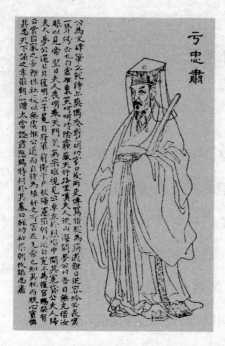

亏忠肃

于谦像。于谦，字廷益，浙江钱塘人，明朝名臣，民族英雄。他的诗《石灰吟》有句名言："粉身碎骨浑不怕，要留清白在人间。"

……"的确，在秋高气爽的日子里，我们经常能看到大雁往南飞。

我们除了能看到课文里说的情景外，还能知道，在雁群飞过的同时，"忒儿，忒儿"的声音不绝于耳。那清脆的声音是大雁父母对它们孩子的叮咛，是大雁之间的互相关心，是大雁姊妹间亲昵的聊天。

那亲切、和谐的雁声，留给人们的岂只听觉上的波动！那是心灵的共鸣，是至高无上的亲切啊！

那声音把我拉到一部电影剧情里：一家人在吃饭，其中有一道咸菜。妈妈说合自己的口味，尽往自己的碗里夹咸菜。儿子看到后用筷子劝阻式地挡回了妈妈的筷子，说："妈，老年人不宜吃太咸的。"妈妈嘴上说："瞧瞧，还有这样不让老妈夹菜的儿子。"可是脸上却是甜蜜温馨的笑。是的，大雁的声音也是如此，只是我们听不懂而已。"人生自古谁无死，留取丹心照汗青"；"人生在世，不流芳百世就遗臭万年……"可想而知，"名"是一个人唯一能留在世上的东西。

但是，又有哪些人是专为留名而去做事的呢？伟大的发明家爱因斯坦和镭的发现者居里夫人，他们为人类做出巨大贡献却谢绝了因此而获得的巨额奖金。

伟大领袖毛泽东和改革先驱邓小平，他们是为了留名而去革命、改革的吗？我们清楚地知道，毛泽东逝世于文革期间，邓小平没等到香港回归就离开了人世，他们知道自己现在留名了吗？时间证明事实，历史见证一切。现在一切都一目了然——是谁的胆略创造了新中国，是谁的开明促进了中国的发展。因此，我们颂扬他们，他们的形象自然而然地树立在人们的心中。

当然，人世间还存在着少许这样的人，他们认为流芳不成，遗臭总行，也不枉来世上走一遭。"留名"的想法是积极的，但是他们歪曲了"名"的定义，太急于

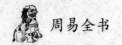

表现自我，太在乎是否在世上留下了"名"。他们太需要别人记住自己了，哪怕别人记住的是他的"臭"。

正因为这样，换来了多少妻离子散、家破人亡，也换来了多少眼泪和辛酸！历史在不断地刷新，遗憾却是不可改写的。所以，我们一定要弄清"名"的含义与"留名"的意义，切莫让更多的悲剧发生。

生活是美好的，我们不要介意自己是大海里的水珠一滴，原始森林里的小草一株，大沙漠里的沙子一粒，其实只要自己认真地去做一件事，必然会有所长，必将能服务于人，造福于人，那么何愁不扬名呢？

贝多芬我们不陌生吧？李白、杜甫还记得吧？张艺谋、赵薇、宋祖英我们知道吧？……他们很平常，无非是发挥所长弹弹琴、写写诗、拍拍戏、唱唱歌，可为什么他们的名能够老幼皆知甚至流传好几个世纪呢？细想，他们的弹琴、写诗、拍戏、唱歌不正给人们带来了更多的精神养料，丰富了人们的文化生活吗？

人生无常。烦恼时抬头看看雁群，听听它们的叫声；迷茫时想想自己有何特长，看看能做点什么。多点理解，多点付出，我们的社会会更精彩，明天会更美好。

"人活一世只图留个好名声。"这话确实不错，无论古代、现代；中国、外国。但一个人怎么才能留一个好名声呢？只靠酒桌上的朋友吗？不尽然吧？这是一团迷雾，一团可以迷住心窝的雾。

明朝的于谦有这样的一首诗："粉身碎骨全不怕，要留清白在人间。"这首诗完全道出了人类崇高的思想境界。自古至今，许多仁人志士为留清白在人间，赴汤蹈火，救民于水火，这样的人永远活在人们心中，他们是永生的。而整天沉迷于酒色之间的人，终将化作泥土，被人们踩在脚下，你想这样吗？

宋代画家赵广被金人俘虏后，宁可断手也不为其作画。

国画大师徐悲鸿曾断然拒绝为蒋介石画标准像，并冷淡地对来人说："我对你们的蒋委员长不感兴趣。"

北京大学校长马寅初在为提倡"计划生育"而遭到万张大字报围攻时，愤然发表《重申我的要求》，宣布："我自知年老体弱，寡不敌众，但我仍然要单枪匹马地出来应战，直至战死为止；决不向专以力压服不以理说

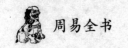

服的那种批判者们投降。"

他们均被誉为中华民族的脊梁。

历史表明，民意是最终的公正裁判者。尽管好人自古命运多舛，甚至惨遭毒手，但虽死犹生，精神永驻人间。

反之，一个人格低下的人，不论其生前如何荣华显贵，占尽风流，死后也不免身败名裂，被民众戳脊梁骨。

中国当代权奸康生就是一个典型例子，此公在生前权倾朝野，专以大兴冤狱而得志一时；死时犹带着"忠诚的共产主义战士"的桂冠。但他终于经受不住民心的检验，在真相大白的今天，被永远地钉在了历史的耻辱柱上。

所以，元人张养浩述怀道："无官何患，无钱何惮，休教无德人轻慢。"

以上这些都反映了人对自身人格是相当重视的。人具有动物所没有的高级"需要"，其中之一就是对人格价值的追求。古人云："人生有七尺之形，死唯一棺之土，唯立德扬名，可以不朽。"

人格的伟大之处就在于：它是超出了任何肉体需求的内在美，而唯有人的内在美才是永恒的。

一般说来，一个人在春风得意时听到种种赞誉并不困难，难的是在身处逆境时仍然为大众所怀念。这就是人最为可贵的"身后名"。

事实证明，凡追求人格高尚者都信仰"人到无求品自高"。因此他们能够按照人格的要求有所为或有所不为，"不降其志，不辱其身"。

不结交小人

原文：大君有命，开国承家，小人勿用。

释义："大君"指真做大事的人，"命"指"天命"，"大君有命，开国承家，小人勿用"指继承天命的真龙天子如果要打下江山，就不能用小人。

《小象传》说："君子得志，可以乘坐华丽的车子"，这说明老百姓所拥戴的是阳刚君子；"要是小人得志，那么连遮风避雨的草庐都会剥落殆尽"，这说明阴邪的小人无论如何是不可仰仗不可信用的。

释例：子贡问："少正卯是鲁国知名人士，老师你杀了他，做得对吗？"孔子说："人有五种罪行，而盗窃还不算在内：第一种是心达而险，第二种是行僻而坚，第三种是言伪而辩，第四种是记丑而博，第五种是顺非而泽。这五种罪行，犯了一项，就难免被君子诛杀，而少正卯犯下五项，是恶人中的杰出人物，不可以不杀。"

少正卯能煽惑孔门之弟子，直欲掩孔子而上之，不可与同朝共事，是害群之马。孔子对他痛下狠手，不但因为他一时辩言乱政故，也是为后世以学术杀人的人立下诫条。

在一个群体中，如果没有过人的才能，如果肯受驾驭，都不足以成为害群之马。只有下列五种人，是真正的害群之马。

第一种是拉帮结派，私结朋党，打击诽谤别人的人；

第二种是虚荣心重，用奇特的行为哗众取宠的人；

第三种是经常不切实际地夸大散布谣言，欺骗视听的人；

第四种是无视规则，专门搬弄是非，煽动众人

孔了诛少卯图。讲孔子在鲁国任大寇时，诛乱政大夫少正卯事。孔子的做法符合《易经》中所倡导的"小人勿用"的原则

的人；

第五种是计较自己利害得失，动辄兴师动众进行要挟，或暗中与敌人勾结以进行要挟的人。

这五种类型的人就是人们常说的奸诈、虚伪、道德败坏的小人。应疏远他们，不仅不可和他们接近，而且应当细心观察，要疏远而不能亲近，早日除掉组织内部的害群之马，来维持组织内部的团结和生命力。

姜太公吕望封于齐地。齐地有名华士的名人，自称不朝拜天子，不结交诸侯，人们都称赞他为贤人。太公

派人三次征召他，他都没有来。于是太公命人诛杀了他。

周公派使者责备他："此人为齐地之高士，干什么杀了他？"太公曰："他不朝拜天子，不结交诸侯，难道还指望他能做臣子或结交他吗？不能做臣子的人是弃民；征召三次而不至是逆民。当地人把这种害群之马当作学习的榜样，全国都仿效他，难道还有人为我所用吗？"

有当代研究者认为这不是史实而是寓言，并且以武王不杀伯夷和叔齐的例子作证据。实际上这是很荒唐的推论。武王不杀拦路进谏的伯夷叔齐老哥儿俩，是因为天下未定，当务之急是争取人心。而太公就国以后，当务之急是招致天下英雄为之效劳。所谓此一时也彼一时也，形势不同，需求不同，因为做法也就不同，这本来是统治者惯常的做法，哪里是什么寓言呢？

罚的威胁可以让那些本不打算好好干的人有所忧惧，想到将会有的惩罚，也就不敢太过放肆。

另一方面，如果罚得不分明，即使赏得再周到也不会有什么大的作用。试想，如果一个人虽然拿到了与自已付出相应的报酬，甚至还多的奖励，而他却看到另一个干得很差的人并未受到任何惩罚，甚至还拿了与自己一样的报酬，那么他的骄傲与兴奋会即刻减弱，得出一个"干得好坏都一样"的结论。

闲暇无事，浏览《古文观止》，觉得三国时诸葛亮之《前出事表》颇具现实指导意义。兴行建业，似治国安邦，当"亲贤臣（君子），远小人"。否则，再好的大政方针，也会走型变样，失之初衷。

古人国家兴亡，遵从一条真理：亲贤臣，远小人，国则强；亲小人，远贤臣，国则亡。因为贤臣都主张以德、仁教化人民，以民为本。然而，这一"亲"，一"远"是何其难，有的君王就做到了，有的君王就做不到。何时"亲"，何时"远"，应该没有方法而论，但有一条结论可以看到：亲贤臣远小人的君主，都是谦虚、心胸宽广、眼光长远之人；亲小人远贤臣的君主都是骄妄自大、心胸狭窄、眼光短浅、贪恋女色之人。可见，没有好的方法来保证亲贤臣远小人，但具备了某些好的性格，身边也就自然汇聚贤臣，小人无所发挥。

凡是有人群的地方，就有"君子"，也会有"小人"。古今中外，概莫能外。"君子"执政，勤政、廉政、善政，上下一心，同心同德，工作顺心；"小人"当道，懒政、贪政、擅政，上下异心，离心离德，工作揪心。

吾本无恶意丑化领导者。即使当权者皆是谦谦君子，如若身边无君子相随，有小人相拥，则事业难成。正如《前出事表》所述："亲贤臣，远小人，其前汉所以兴隆也；亲小人，远贤臣，其后汉所以颓废也"。

何谓"贤臣"？

一是那些在大是大非面前一如既往，讲原则，有道德，重工作的德才兼备者；

二是别人提拔起来的，但在新任领导主政时，仍能听从指挥，服从分配，干好本职工作的德才兼备者；

三是那些没有人为之说话，但确在某一方面，某一领域，真抓实干，抓出实效，干出成绩的无名小卒；

四是虽遭"小人"陷害，错被领导打入"冷宫"，却听得进闲言碎语，任得住委屈冤枉，受得了非难误解，咽得下辛酸苦辣，凭满腔热血，一颗红心，默默无闻，耕耘不止的老黄牛。

五是敢于为民请命，犯颜直谏者。

何谓"小人"？

一是那些口是心非，吃里扒外，看风使舵的投机者；

二是那些挑拨离间，制造矛盾，编造谎言，惟恐天下不乱的是非者；

三是做一天和尚撞一天钟甚至连钟也懒得撞，却对干事者横挑鼻子竖挑眼、指手画脚的看戏者；

四是工作小有成效，但常干出法规所不容的事，每每还"贪天之功据为己有"，揽功诿过，成事不足，败事有余的危险者。五是当着领导面极尽谄媚之能事，背后无中生有，恶语中伤的"两面"者。

"贤臣"谏忠言，忠言逆耳但于事有益；"小人"打诳语，诳语动听却于事无补。

客观讲，某个区域，某个系统，某个单位，工作抓得怎样，经营效果如何，责任主要在"一把手"。毕竟"一把手"是"掌舵人、负责人"。然而，如果"亲小人，远贤臣"，避忠言，信诳语，方向再好，路子再对，

自己再累，也会因"贤臣"的退避三舍，"小人"的兴风作浪，导致事倍功半，事与愿违。

当断不断，反受其难；当决则决，定受其益。用好一批"贤臣"，至少可以节省三分之一的时间、精力去抓大事，还可以保证既定方针的贯彻落实。

"君子"和"小人"脸上没有贴着标签。如何识别，悉听尊便。但仁者见仁，智者见智。对于"君子"和"小人"，经历不同，位置各异，见识也有区别，但基本道理大致相同：贤明的领导者应该"亲贤臣，远小人"。

物以类聚，人以群分。如果领导者是"小人"，"亲小人，远贤臣"也未尝不可。只不过是用"江山"做抵押，赌注未勉大了点儿，并且注定会输得很残。

然而，细想起来，"远小人"似乎不难。若知道是小人，甘心与其"同流合污"的毕竟不多，除非是臭味相投、相互利用。多的是在"不知不觉"的情况下，被小人所利用。可见，要"远小人"，首先得"识小人"。正如一位领导同志在离任后说："在任时糊涂，离任后清楚。对于小人，有的是在离任后才知其是小人，才知道不可'近'。"这位领导同志所言值得深思，对"识小人"和"远小人"很有帮助。

既为小人，自然善于见"权"行事，谁有权就跟谁"贴近"，甚至不惜"信誓旦旦"……当然，他们"贴近"的目的，在于"吃小亏占大便宜"，利用你手中的权力来为他们服务，而这一切都是不易识别的，致使一些在位的领导错把小人当君子、当能人，甚至言听计从，委以重任。即使有时觉得"不对劲"，也不从"坏处"想。

然而，既为小人，终究是会原形毕露的，尤其是当你无权无职、无利用价值的时候，他们就会露出"狐狸尾巴"来，使一些领导者"如梦方醒"，但已悔之晚矣！

当然，也不是说领导者在位时就识不了小人。倘若领导能够把握以下两条，还是可以洞察其奸的。

一是要多"近"群众。群众的眼睛是雪亮的，谁是君子，谁是小人，看得一清二楚。多"近"群众就能心明眼亮、明察秋毫。现在，一些领导之所以不识小人，原因之一就是"近"群众不够。如有的"近"

的就是那么几个"中层"，有的甚至"近"的只是个别所谓"信得过"的身边人，这显然是一种不好的倾向，容易脱离群众，滋长出官僚主义和腐败现象。

二是要多问几个"为什么"。既为小人，必有一副"小人相"，或"甜"得特别，或"亲"得异样，或"吹"得肉麻，或"勤"得反常……对此，领导者要在心里多问几个"为什么"，如果对这些"反常"行为多作一些冷静、周密、科学、细致的思考，就不难看清小人的真实面孔。

总之，"识小人"要有清醒的头脑、敏锐的目光、无私的品格，没有这样的境界，就很难"识小人"。这也说明领导者加强自身修养，提高自身思想素质的重要性。

所以，在现实这个世界，做人也许不必像古代帝王那样苛刻，但具备一些好的品质，成功应该是其自然的事情。凡事寻其本质、尊自然之道，而不是方法和技巧，这样才能于世间游刃有余。

上天欲使你兴旺，先让你艰辛遍尝

原文：险以说，困而不失其所亨，其唯君子乎！

释义：生命，的确有了坎坷才美丽，但如何使坎坷的生活变得尽可能的平坦，是一件很难的事。好好把握自己，把心态调整到最佳状态——为了更好的明天！

释例：十年桃花运光阴似箭，一朝塞难天度日如年。福祸相当，能量守恒，不亏不盈，天道有常。《升》卦之后就是《困》卦，可见古人早巳明白：前行的路必然是曲折的。进两步退一步，走走停停，停停走走，寻常百姓柴米油盐过日子，英雄豪杰顶天立地做大事，全不是坦途，都不会一帆风顺。《序卦》说："升而不已必困，故受之以《困》。"

《孟子·告子章句下》云："舜发于畎亩之中，傅说举于版筑之间，胶鬲举于鱼盐之中，管夷吾举于士，孙叔敖举于海，百里奚举于市。故天将降大任于斯人也，必先苦其心志，劳其筋骨，饿其体肤，空乏其身，行拂乱其所为，所以动心忍性，曾益其所不能。人恒

过，然后能改；困于心，衡于虑，而后作……"——难道上天正是以艰难困苦栽培人的吗？

孟子的这番话说得很美，很神秘，揭示的道理动人心魄。上天欲玉成于人，则先让你将艰难困苦都尝遍。但是在始作《易》者看来，困难并不是上天对个别人的特殊恩赐，而是由"刚掩"造成的：阴柔掩盖了阳刚，邪恶遮挡了光明，小人压抑了君子。

《系辞下》说："困，德之辨也。"——小人遭际困厄往往悲观失望，一蹶不振；君子居困动心忍性，慨当以歌，愈挫愈奋，激励出前所未见的潜能，贞正之德不移，进德修业更加努力，于默默静守之中以待天时之变。

《困·象传》正是对君子的赞美："险以说，困而不失其所亨，其唯君子乎！"君子落难愈显其崇高，小人遭难愈见出其人格的渺小。《系辞下》预言："困，穷而通"，遭难的小人不能见及于此，自暴自弃反而愈会使自己落入灾难的深渊。君子恪守本命不坠雄心大志，知天知人知己，反而有助于度过困厄，转危为安。小人之围困于身，大人之困困于道；小人之惜惜于身，大人之惜惜于道。所以《困·大象传》说："君子以致命遂志。"

九四爻辞说："或者潜入深水，或者腾跃上进"，君子投身入渊，大任将降之际，诚惶诚恐如履薄冰，自个先作检验，先有一番迎接考验的磨砺功夫。

"吃得苦中苦，方为人上人。"要成为一位人人尊敬的人，必须经过重重磨练，吃尽千辛万苦，才能享受丰硕的果实。

斑马群遭遇猛狮的袭击。在这紧要关头，斑马们默默地神速地围成一个三层的圆环，把小马驹牢牢地围在里面，簇拥着心爱拼命地飞奔。在他们看来，只有心爱的活下去，自己的生存才有意义。而狮子的狂蹄飞砂走石，踩着魔幻的鼓点，一步步逼来……眼看着一幕悲剧就要发生，这时，一只在斑马离开了自己的群体，义无反顾地冲向了狮子……

割断的鸣声以云的形象在天边萦回，那是慈爱的眼睛，目送着心爱的逃亡……

这是发生在非洲草原上的一幕情景。

自然界的竞争是残酷的，血淋淋的，而弱小的斑马

在强大的狮子追捕之下捐躯赴死的壮举，却又让人的心灵受到强烈的震撼！那是一种艰忍之美。所表现的，是让人肃然起敬的弱者的坚强。

就搏斗本身的力量对比而言，这只斑马是弱者，它不堪一击，而就整个斑马群的繁衍生息而言，她是伟大的强者，她保证了这一物种的延续，而在她身上体现的，是一种了不起的献身精神。

由此，想到了人，想到了生活，虽然看不到刀光剑影，看不到鲜血淋漓，但就生存的严峻程度而言，人生的过程，何尝不是一种残酷的物竞天择呢！

正如"钢琴曲有波澜起伏，水彩画有鲜明有黯然"一样，生活也不是一帆风顺的，挫折会时不时地成为你生活的一部分，那么如何以一种正确的心态去面对挫折，便是许多人所关注的问题，而有些人对待挫折的那份洒脱与乐观会给多数人很深的启示。

面对挫折，有人叹息，有人彷徨，有人哀叹老天的不公，命运的多舛。而你，去勇敢地正视挫折，投之以洒脱的一笑，坚信命运掌握在自己的手中，用"勤奋"去改变人生，主导命运。

　　当然凡事应有"度"，过于轻视挫折，过于洒脱地看待人生，也未必是件好事，有时也会削弱自己的斗志，滋长自己的"惰性"。

　　"故天将降大任于是人也，必先苦其心志，劳其筋骨，饿其体肤，空乏其身，行拂乱其所为，所以动心忍性，曾益其所不能。"这句话能流传至今，是有它一定的道理的。

　　生命，的确有了坎坷才美丽，但如何使坎坷的生活变得尽可能的平坦，是一件很难的事。好好把握自己，把心态调整到最佳状态——为了更好的明天！

　　由此，我不仅想问一问，今天的孩子们缺什么？恐怕有人说什么都不缺。因为不管是"吃、穿、玩"，还是"用"都称得上"现代化、高档化"了。可笔者以为缺的是人生不能缺少的"磨难"。

　　从对孩子的教育而言，贫穷和富裕是把"双刃剑"，贫穷能剥夺人享受的机会，却也能锻造人的性格；富裕能打开人的眼界，却也能窒息人的精神。对于今天的家长们来说，如何趋利避害，有意识地让孩子吃点苦、对他们进行点"磨难教育"，这对孩子们的一生都是至关

重要的。

"天将降大任于斯人也，必先苦其心志，劳其筋骨，饿其体肤。"其实就是说要进行磨难教育。对于这一点，当今一些物质高度发达的国家非常重视，且比我们做得好。

例如，笔者在电视上看到，在滴水成冰的寒冬，俄罗斯的一些父母却带着孩子去冬泳，让孩子从小经受磨练。美国也是"磨难教育"成风，目前全国已有30多个"磨难营"对青少年进行"磨难教育"。而在今天的中国，这点却被忽视了。

事实告诉我们：过去无数有成就的政治家、科学家、作家大都有小时候饱受磨难的经历，这也许是他们日后成功的关键所在。所谓"玉不琢，不成器"、"千锤百炼方成钢"正是对磨难教育的肯定和称颂。

经历过磨难的孩子才会知道今天的幸福生活来之不易，才会倍加珍惜它，也才能在挫折和失败面前永不气馁、勇往直前。所以，在今天的中国对于这些称为"小皇帝"的孩子们，更不能少了"磨难教育"这一课。

家长们在疼爱你们的"小皇帝"时，千万不要忘记

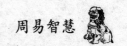

让他们多经历些"磨难"锻炼，因为这才是您送给孩子最珍贵、最厚重的礼物。

做事千万不可众叛亲离

原文：鸣鹤在阴，其子和之。

释义："阴"，指云阴，云中；"和"，唱和。"鸣鹤在阴，其子和之"是说仙鹤在云中飞舞，它的一家子都在与它唱和。无论什么时候，获得亲友支持都是至关重要的。

释例：商纣王是中国历史上第一大暴君，其统治手段之残忍在历史上是鲜有的。他鱼肉百姓，对百姓横征暴敛，弄得民不聊生。为了堵住天下人之口，他钳民而致天下人"道路以目"，更设立酷刑，镇压百姓，他还杀贤臣，留下一群溜须拍马之人。百姓敢怒而不敢言。后来，后周挥帜进攻，守城士卒纷纷掉转矛头，反抗商纣王，纣王众叛亲离，只得引火自焚，留下千古骂名。

孟子云：天时不如地利，地利不如人和。失道到了

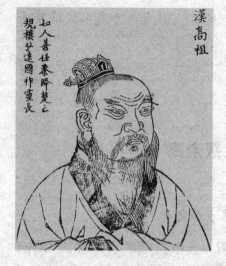

漢高祖

知人善任秦降楚亡
規橫先遠國祚靈長

极点，就连亲人也会背叛他。得道到了极点，整个天下都会归顺他。带领整个天下的归顺之人去攻打那众叛亲离者，贤人君子不打则已，如果攻打，肯定获胜。

刘帮像，出自明·天然撰《历代古人像赞》。刘邦，西汉王朝的开国皇帝，字季，秦朝泗水郡沛县人，谥号高皇帝。《易经》乾的卦辞很简单，即："元、亨、贞"，这四个字是对领导要具备创始能力、创新能力、协调能力和为人要正真，对理想要坚持与忠诚，能承受暂时的困难和失败。汉高祖刘邦具备了上述的能力，善于用人，忍辱负重，最终打败了项羽，夺取了天下

舜为什么为中国文化奠定了良好的基础？因为他有优秀的干部。领袖固然重要，干部更重要。换言之，干部难得，领袖也难当。舜当时期定天下，留万古美名，靠他有禹、稷、契、皋陶、伯益五个好干部，天下就大治了。我们要特别注意，仅仅

五个人就可以把天下治好。

我们研究历史，可以发现无论古今中外，任何一代，真正平定天下的，不过是几个人而已。汉高祖靠手里的三杰，张良、萧何、陈平而已。韩信还只是战将，不算在内。当然汉高祖也能干，很懂得采纳意见。汉光武中兴所谓云台二十八将，还不是中心人物，真正中心人物也不过几个人。外国历史，意大利复兴三杰，也只三个人。

每一个时代的治乱，最高思想的决策，几个人而已。启止是国家大事，据我个人的经验所见，所体会的，不说大的，说小的，大公司的老板，我认识的也蛮多，曾看到他穷的时候，也看到他现在的发达，如旧小说上所说的"眼看他起高楼"的，也不过两三个人替他动脑筋，鬼搞鬼搞就搞起来了，不到十几年，拥有千万财产的都有；个人事业也是如此。

所以人生难得是知己。个人事业也好，国家大事也好，连一两个知己好友都没有，就免谈了。如果两夫妇意见还不和的更困难了。所以孔子这个话是有深意的。

《周易》上说："二人同心，其利断金。"两个人志

同道合，心性完全一致，真正的同志，这股精神力量可以无坚不摧。

周武王也说，他起来革命，打垮了纣王，平定天下，当时真正的好干部只有十个人，而这十个人当中，一个是好太太，男的只有九个。

孔子说"才难"，真是人才难得。这里孔子对学生说，你们注意啊！人才是这样难得，从历史上舜与武王的事例看，可不就是吗？

"唐虞之际"，尧舜禹三代以下一直到周朝，这千把年的历史，"于斯为盛"，到周朝开国的时候，是人才鼎盛的时期，也只有八九个人而已。周朝连续八百年的治权，文化优秀，一切文化建设鼎盛。但是也只有十个人把这个文化的根基打下来，而这十个人当中，还有一个女人，男人只有九人。但在周武王的前期，整个的天下，三分有其二，占了一半以上，还不轻易谈革命，仍然执诸侯之礼，这是真正的政治道德。

这个历史哲学，孔子讲的是"才难"。我们知道清代干隆以后，嘉庆年间有个怪人龚定庵。今天我们讲中国思想，近一百多年来，受他的影响很大，康有为、梁启超等等,都受了他的影响。他才气非常高,文章也非常好,而且那个时候他留意了国防。外蒙古、满洲边疆,他都去了,而且他认为中国问题的发生,都是边疆问题。事实上边疆有漏洞,西北陆上有俄国,东面隔海有日本,将来一定出大问题,他也狂得很,作了一篇文章,也讲"才难"。当时他说天下将要大乱,因为没有人才,他在文章中骂得很厉害,他说"朝无才相、巷无才偷、泽无才盗。"连有才的小人都没有了,所以他感叹这个时代人才完了,过不了多少年,天下要大乱了,果然不出半个世纪,洪秀全出来造反,紧接着,内忧外患接连而来,被他说中了。这就是说兴衰治乱之机,社会安宁的重心在人才。

不过龚定庵是怪人,不足以提倡。他怪,出个儿子更怪,他儿子后来别号叫龚半伦,在五伦里不认父亲。他更狂,读父亲的文章时,把他父亲龚定庵的神主牌放在一边,手里拿一支棒子,读到他认为不对的地方,就敲打一下神主牌,斥道:"你又错了!"这就是龚半伦,人伦逆子中的怪物。

和气生财,中国人做事,特别信奉这句话。事情不

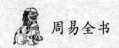

能一个人做，钱不能一个人赚。在做事赚钱的同时，要是把与周围人的关系处好了，你就是大家推崇拥护的对象。

所以切不可与身边那些足以影响乃至决定你事业的"群众"们义气用事。

其实，生活是一种支撑。

人生在世，需要学会支撑。支撑事业，支撑家庭，甚至支撑起整个社会。从某种意义上说，生活本身就是一种支撑。

"给我一个支撑点，我会把地球支起。"从古希腊哲人的名言中，读出了生活的几分狂妄，几分自信。这是支撑生活的魅力。

泰戈尔说，错过太阳时，你在哭泣，那么你也会错过星星。在生活的抗争后，哪怕满身疮痍，也该把无奈沉入心底，这是支撑生活的哲理。

不能舍去别人都有的，就得不到别人都没有的。会生活的人失去的多，得到的更多，这是支撑生活的固执。

能把心割碎赠给他人，你会赢得更多的朋友，多一个朋友，多一个世界。蓦然回首，你不再是孤寂的独行人，这是支撑生活的艺术。

支撑着，在万紫千红的春天；支撑着，在赤热炎炎的夏日；支撑着，在寒风萧瑟的秋季；支撑着，在冰天雪地的严冬。

也许由于时光匆忙，让我们忽视了岁月的流逝；也许因为生活多彩，使我们忘记了季节的更替，冬的身影尚未完全离去，春的脚步竟已悄然来临。

我们无法追回昨天，也无法向明天借贷。幸福与悲伤，成功与失败，一切如春夏秋冬，花开花落，酷热寒冷，面对生活，重要的是有一份支撑的心境。

生活像浩瀚的海洋，不会永远风平浪静，间或涌起惊涛骇浪；生活就像一片广袤的原野，不会永远和风徐徐，间或徒生狂风暴雨，惟有迎接风雨、挑战骇浪的心态和勇气，才能驾驭生命之舟，驶向生活的海洋，猎取光彩的浪花。

如果我们能用这样一种心境，这样一种精神去对待生活、支撑生活，昨天的伤痛和遗憾便不会羁绊我们的脚步，煎熬我们的灵魂；我们就会走过黑夜，迎来黎

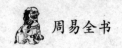
明，拥有太阳，享受光明。

支撑生活，就是支撑生命。因此，我们的生活应当绽放于春，潇洒于夏，无畏于秋，傲然于冬。进取在生活中，亮出自己的旗，发出自己的光；生活得不卑不亢如山，轻松自在如水，敢说敢干如风，微笑乐观如花……

生活的每一个年轮，都交织着跌宕波澜，珍藏着美好希望。当全新的一天昭示着我们走向成熟、走向未来的时候，让我们扬起笑脸、支撑美好，去创造又一个灿烂的明天。

诚信合作才会成功

原文：与人同者，物必归焉。

释义：《序卦》说："与人同者，物必归焉，故受之以《大有》。""与人同"，大约说的是搞统一战线，团结一切可以团结的力量，动员并组织民众，最大限度地收揽人心，孤立和打击共同的敌人。旧儒解释"物必归焉"云："以己之欲从人之欲，则天下之物皆归于

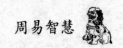

己。,'话说得太漂亮了，就不真实不明确了。

　　释例：其实这里说的，明明是由前因所导致的政治后果——得天下。所谓"与人同者，物必归焉"，假如说白了，意思就是讲最得人心的人一定能够得到天下，而且确实得到了天下。如果说，《同人》影影绰绰讲的是周武王取殷纣王而代之；那么，《大有》当然说的就是周公摄政那回事情了。

　　将《同人》上下二经卦颠倒过来就是《大有》卦。万物的生长总是与天时地利的运转不谋而合，大人的所作所为也应该与天下万众的心愿同心相结。一个天下归心的人，就是一个可以收天下之物于己的人。

　　这个卦认为，要突破世界的闭塞，需要人与人之间的和同与团结。如果每个人都能公平无私地与人和同；那就是圣人理想中的大同。世界上所有的人都能和同起来，当然亨通。

　　我们现在的外交政策，"求大同，存小异"的原则，就是从《周易》中来的。

　　和同，要有对象。你没有和同的对象，就是孤家寡人，就是失道寡助。

孤独，并不吉祥。

和同，需要打破门户之见。不能有宗派主义，不能有私心杂念。

和同，需要道义，需要正义。不能和稀泥，要坚持原则。但在坚持原则之下，就要允许不同的意见与观念的存在。

这些，不是我们这个世界天天在说的大道理吗？

人，活在世上，你必须与他人和同，除此别无他路。

孔子在周游列国，行教化之责的时候，有一位耕田的隐士耻笑他正事不干，一辈子往人堆里扎。孔子回敬这位隐士时说："人不可能与禽兽住在一起，采取逃避现实的态度，我不与人在一起，又能跟谁在一起呢？"

和同，是人生积极的态度。和同，并非同流合污。

在 21 世纪初的一张报纸上，谈到"升职人的四大特质"时，把"具有合作精神"列在第二位，可见"合作"在成功人生中的重要地位。

这使我想起台湾佛教慈济大学的校训。慈济大学的创办人是一位弱女子，后来闻名世界，她叫证严法师。

她给学生和弟子的一条训示是"合群"。合群，就是有团队精神，能有"和同"的本领。

与什么样的人合作，如何合作，才能谈到成就。

你能从人的说话状态中，看出一个人的心理吗？你能确定他说话时在想些什么吗？

《周易》的《系辞下》中有一段很古老很精彩的话，供你参考——

想背叛你的人，说话会有惭愧的表情；心中有疑虑的人，说话杂乱矛盾；有修养的人，说话少；浮躁的人，说话多；诬蔑善良的人，说话游移不定；有失操守的人，说话含混，不能直接了当。

它的原文是这样的："将叛者其辞惭，心中疑者其辞枝，吉人之辞寡，躁人之辞多，诬善之人其辞游，失其守者其辞屈。"

这可是几千年前我们的祖先说的话呵！我以为，如果不学习《周易》，是对智能的一种忽略。而当今社会，知识可以买卖，而智能仍需自己去寻找。

做人做事，一定要与真诚者合作。

如果价钱谈得合适，父亲和老婆都可以卖的人，尽

管聪明，尽管能干，也不能视他为合作的对象。更不说要真正的合作了！

真诚者在哪？如何鉴别真诚者？

真诚者在于他有仁有义。

《周易》说，天、地、人有三大法则——

天的法则：阴与阳；

地的法则：柔与刚；

人的法则：仁与义。

阴阳是气体，柔刚是形体，仁义是德性。

阴阳之气凝聚成柔刚之形体。仁是柔和的德性，义是刚直的德性。

有仁人义为之真诚。

志同才能道合。志不同道不合。

《周易》的同人卦里说："同人于野，利涉大川，利君子贞。"

同人卦的"卦辞"和"象辞"说了几个"和同"的有趣现象。

一是和同于野。与人和同，与人集结，要在空旷的野外，而不是相聚于密室。这似乎是说集结的目的光明正大，磊落，没有什么见不得人的东西。

它进一步的意义是，在旷野中集合群众，象征在最大的范围，公平无私地与人和同，这是圣人理想中的大同。

世界上所有的人和同，当然亨通。

二是同人卦的卦象。说同人卦的象是天底下烧着一把火。天光朗朗，这样的天底下烧着的那把火，又是光明的，火焰向上的。这样的"象"，即天与火同亮，都有光明的德性；天与火都有向上的志向：高远而又广阔。

它的象征意义是，天是外卦，是干，刚健有力，利于前进，所以以"利涉大川"来比拟；内卦是离，是火，意味着内心光明。

内心光明，外向又有刚健的性格，这些都是纯洁正直的德行，所以占断起来，是人人调和，意志沟通，团结一致，能够冒险犯难，无往不利。

《周易》中所说的和同，当然是现在的"合作"。

合作，要有光明的心理，进而要有光明的行为。

合作中要注意的问题，以及各个层面上的合作所带

来的收效与利弊，都有详细的论述。

第一，与人合作，要打破门户之见。

《周易》上虽说"同人于门，无咎"，但主要强调"象曰：出门同人，又谁咎也"。

同门之中，你积极去与师兄师弟甚至师父合作、和同，没有什么不好。如果你走出门外，与更多的人合作，与更多的人和同，又有谁说你不好呢？

《周易》在这里强调的，是打破门户的合作，是最广泛的合作。

第二，与人合作，要打破宗族观念。

《周易》明确地说："同人于宗，吝。"如果我们只同亲近人合作，与宗派团体（包括宗族）合作，就危险。《周易》再进一步感叹："同人于宗，吝道也。"它的意思是，在天下大同的理想前提下，你以宗族和同的方法来对待世界，虽然说不上是错误，但真是不值得提倡的事，也不值得赞扬。

第三，和同与合作的目的，首先是正义的合作。

如果是正义的合作，就会不怕牺牲。和同要代表正义，正义和同了，邪恶就会屈服，就不会得逞了！

如果让非正义和同了，合作了，那世界只好等待灾难了！

第四，有时本身中正，正义，但得不到合作，得不到和同，这也是常有的。所以《周易》里说："同人，先号眺而后笑，大师克相遇。"

在这个时候，你就要相信，正义一定会战胜邪恶。要悲愤，要努力。

至于合作以后的景观，以及成就，那是不言而喻的。

孔子曾说："君子立身处世的原则，或者从政，或者隐居，或者缄默，或者议论，二人一条心，就有断铁的锐利；志同道合的言论，就像兰花一样芬芳。"

两人同心同行，尚且如此。如果你与许多人合作，和同，那成就不是早就摆在那里了吗？

有一个情况可以不合作，不和同。这样的不合作，不和同，虽然不会后悔，但也说不上得志。

比如一群坏人在做坏事。你不同流合污。

《周易》说，远离人群，是因为不愿同流合污，早已觉悟，所以不会后悔。

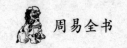

但这样孤独清高的人，自己也许不后悔，但在别人看来，并不是真正的得志。

你是人，你能离开人，住到牛羊那里去么？

《论语》的"微子篇"中就记述孔子为追求理想，流浪天下，途中被正在耕田的隐士嘲笑。孔子就说："人不可能与禽兽住在一起，采取逃避的态度。如果是这样的话，我不与人在一起，又能跟谁在一起呢？"

这个故事告诉我们：人不能离开人。所以说，你可以同流，但不合污，足矣！

像莲藕，出污泥而不染。

"二人同心，其利断金"这句话出自孔子之口，意思是只要大家齐心协力，就会像一把锋利的好刀，削铁如泥。一切事业都必须精诚合作才有希望成功。

有人和上帝讨论天堂和地狱的问题。上帝对他说："来吧！我让你看看什么是地狱。"

他们走进一个房间。一群人围着一大锅肉汤，但每个人看上去一脸饿相，瘦骨伶仃。他们每个人都有一只可以够到锅里的汤勺，但汤勺的柄比他们的手臂还长，自己没法把汤送进嘴里。有肉汤喝不到肚子。只能望

"汤"兴叹，无可奈何。

"来吧！我再让你看看天堂。"上帝把这个人领到另一个房间。这里的一切和刚才那个房间没什么不同，一锅汤、一群人、一样的长柄汤勺，但大家都身宽体胖，正在快乐地歌唱着幸福。

"为什么?"这个人不解地问，"为什么地狱的人喝不到肉汤，而天堂的人却能喝到?"

上帝微笑着说："很简单，在这儿，他们都会喂别人。"

故事并不复杂，但却蕴涵着深刻的社会哲理和强烈的警示意义。同样的条件，同样的设备，为什么一些人把它变成了天堂而另一些人却经营成了地狱? 关键就在于，你是选择共同幸福还是独霸利益。

随着社会的发展，人与人之间交往日益频繁，既存在着激烈的竞争，又有着广泛的联系与合作。一个缺乏合作精神的人，不仅事业上难有建树，很难适应时代发展的需要，也难在激烈的竞争中立于不败之地。

越是现代社会，孤家寡人、单枪匹马越难取得成功，越需要团结协作，形成合力。从某种意义上讲，帮

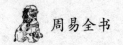

别人就是帮自己，合则共存，分则俱损。如果因为心胸狭隘，单枪匹马去干事，放着身边的人力资源不去利用，结果只能是事倍功半，甚至更糟。

优秀人才有机结合在一起，就会相映成辉，相得益彰。如今许多企业实行强强联合，就是希望通过合作产生巨大的能量，达成双赢的效果。

现实生活中，有些人乐于助人、广结善缘，产生了较强的亲和力，工作起来就得心应手，左右逢源。相反，有的人虽然自身素质不错，优点、长处挺多，却与同事关系紧张，在需要合作的事情上明显发挥不了自己的应有作用。实践证明，无法与他人和睦相处、坦诚合作，是一些同志与成功无缘的原因之一。

合作的关键是要有容人之心。正确评价自己，清醒看到自己的不足与短处，才能产生与人合作、共同发展的强烈愿望，充分发挥自己的潜能。如果用自己的长处比别人的短处，看不见自己的短处和别人的长处，就很难与人精诚合作。

在合作过程中，相互之间难免会有意见相左、磕磕碰碰的时候，也难免有差错、有失误，能不能相互宽容谅解，营造一个和谐宽松的合作氛围，往往直接影响事业的成败。

合作就要互相补台，尤其当合作伙伴的失误给共同的事业造成困难或损失的时候，应该给予充分理解与热情鼓励，开诚布公地指出失误，实事求是地分析原因，心平气和地探讨对策，以帮助合作伙伴尽快走出失误的阴影，振奋精神。这样才能尽快克服困难，尽量减少损失。

有的人遇到困难或不顺就一味埋怨指责合作伙伴，或者有了成绩则贪天之功，结果是挫伤了别人的积极性，引起别人的反感，妨碍今后的合作，显然不是明智之举。

哲学家威廉·詹姆士曾经说过，"如果你能够使别人乐意和你合作，不论做任何事情，你都可以无往不胜。"合作是一种能力，更是一种艺术。唯有善于与人合作，才能获得更大的力量，争取更大的成功。

"与人同者，物必归焉，故受之以大有。"找志同道合的人，要"与人同者"替我想，也替你想，没有自私占有，欲自私只有公众的大自私，为团体而自私，为国

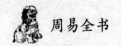

家而自私，为天下而自私，这就是"与人同者"。能够有这样的胸襟，就"物必归焉"，天下万物都向同人集中了。所以同人卦下面就是大有卦，就是说公正廉明的人，就有很多朋友，很多部下拥护，所以同人的综卦，就是大有，所有好的都集中在一起。

一位成功的人如果能获得他的朋友贡献出全部能力，那是因为他在他们和个人的意识中灌输了一个极为强烈的动机，使每一个人能放弃他自己的个人利益，而以一种极为和谐的精神给予合作。

不管你是谁，也不管你的明确的目标是什么，只要你计划通过其它人的合作努力而实现你的明确目标，那么，你一定要在你所寻求合作的每一个人的意识中培养出一个动机，而且这个动机要强烈到足以使他们同你进行完全彻底、毫不自私的充分合作。

"合作"可使人们获得双重的奖励：一方面可使我们获得生活的一切需求享受；另一方面可使我们的内心获得平静，这是贪婪者所永远无法得到的。贪心不足的人也许可以积聚庞大的物质财富；此一事实是不容否认的。但是他将会为了贪图一时的小利，而出卖了他的

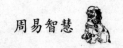

灵魂。

因为只有动机中正的合作才是愉快的合作，才是明智的合作，无所不利的合作。

记住"进退存亡得失"六字箴言

原文：亢之为言也，知进而不知返，知存而不知亡，知得而不知丧，其唯圣人手？知进退存亡而不失其正者，其唯圣人手？

释义：亢就是"亢龙有悔"的亢，就是高亢。这点每个人都要注意，做人做事，不要过头，过头就是亢；大家都是平等的，只知道进不知道退，只知道存不知道亡，只知道得不知道失去，就是亢；人很容易犯这个毛病，知道进退存亡得失的关键，就是圣人。学《易》就是使我们知道"进退存亡得失"六个字。

释例：比如，付出是主动地给予、服务和奉献。失去是被动地、不能控制的损失。付出的结果是快乐，失

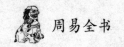

去的结果是痛苦。

当人们在追寻幸福和快乐时，错误地认为得到越多越好，不愿意付出和吃亏。但实际上，当索取达到贪婪的程度，往往会得不赏失，其结果是痛苦。当失去已经成为必然的时候，为什么不选择以付出的方式，从你得到的部分回报社会，服务社会、奉献给那些需要你帮助和施舍的人哪？

如果你能参透这层道理，就知道了避免痛苦的方法。当你有能力主动选择的时候，提前付出而避免失去。付出不取决于你拥有多少财富，而在于你心理愿意与否。金钱与情感的付出都是一样的道理。

有一个人两手拿了两个花瓶前来献佛。

佛陀对他说："放下！"

那个人就把他左手拿的那个花瓶放下了。

佛陀又说："放下！"

那个人又把他右手拿的那个花瓶放下。

佛陀还是对他说："放下！"

那个人说："能放下的我已经都放下了，我现在两手空空，没有什么可以再放下了，你到底让我放下什么呢?"

佛陀说:"我让你放下的,你一样也没有放下;我没有让你放下的,你全都放下了。花瓶是否放下并不重要,我要你放下的是你的六根、六尘和六识。你的心已经被这些东西充满了,只有放下这些,你才能从生活的桎梏中解脱出来,才能懂得真正的生活。"

那个人终于明白了。

佛陀说:"'放下'这两个字听起来容易,做起来却是很难。有的人追求功名,他放不下功名;有了金钱,就放不下金钱;有了爱情,就放不下爱情;有了嫉妒,就放不下嫉妒。世

人能有几个能真正地'放下'呢!"

人生是一门高超的艺术,我们都是艺术家,每人都在上演着绝无重复的绝版话剧。然而,你要想成为精明高深的真正艺术家。那你就必须掌握人生的真谛。

不少人都曾苦苦地追寻,切切地寻问"人生的真谛究竟是什么"?其实人生的真谛就是八个字。"进退适时,取舍得当"。

因为,现实的生活本身就是一种特殊的悖论:这种

悖论以两种形式而成立。一种是由于现实生活的无比精彩，使我们产生了极度依恋生活所给与的馈赠。当我们需要知识时，能面壁寒窗十载不为苦；当我们需要爱情时，能放下七尺男儿的所有尊严不为羞；当我们需要事业时，能委曲求全溜须拍马不脸红；凡此种种无法细述。就是那句话"该出手时就手"。紧紧捉住决不留情。

然而，人生悖论的另一种，则又注定了谁也无法带走生活给你的半点礼物。人生一世紧握双拳而来，平摊双手而去。也是那句话"该放手时就放手"。你不想放手也不行。

人生苦短，握紧宝贵的每分每秒这没有错。但你也不能将其握的太紧，放不开手。人生是一枚硬币。你不可能在每次掷出的时候，能保证都正面朝上。

由于现实的残酷和无情，反面朝上的时候不会是小数。理想和现实之间不存在等号，也不会是平行线。这就要求我们必须接受失去，学会"该放手时就放手"。

俗话说"说起容易做起难"。这一人生的悖论并不是人人都会接受的。特别是当我们年轻气盛风华正茂的时候，总是心高气昂地认为世上的一切都将会听从我们的使唤。总是相信这样的信条"只要你全心身的投入，你所追求的就一定会成功"。

然而，生活就是生活，它总是按部就班地、不紧不慢地、从从容容地走到我们面前。当我们看清了它的真面目的时候，你那为青春而自豪的黑发早已雪花点点了。因此，认识这一悖论另一面是一个缓慢而艰辛的过程，但它又是每个人都必须认识的过程。

其实，人生从一开始就是在不断的失去中慢慢成长起来的。没有失去娘胎的温暖，你不可能来到这个世界；没有失去永不复返的童真，你不可能走向成熟；没有失去父母的保护，你不可能独立社会；没有失去个人的自由，你不可能建立家庭。

人生既是悖论，就是因为它存在着两个不同的对立面。我们所需要掌握的就是使它们做到对立统一。我们不能因为它的精彩而死抱不放；也不能因为它无法带走而放弃追求。这就必须寻求一种更为宽广的视野，透过通往永恒的窗口来审度自己的人生。

有了这永恒的窗口，我们就能在这人生的悖论中找到共存的支点：尽管生命有限，而我们在人世间的一切

'作为'均为人们织就了永恒的图景。这一图景无论是真、善、美还是假、恶、丑都将久远地生存下去，它不会因为我们肉体的消亡而消亡。和坤千秋脱不掉大贪官的帽子。屈原虽投江自尽则万代均为美谈。

人生得失是事物之必然，当你"得"时无须得意忘形，当你"失"时何必痛心疾首。殊不知，人只有在不断的"失去"中才能获得永恒不变的"得"。

"该出手时就出手"这通常人都能做到。而"该放手时就放手"则须有很高的境界。你何不用心去体验这放手的密诀呢？

宁可过之于严，不可纵之以宽

原文：君子以言有物而行有恒。

释义："君子以言有物而行有恒。"居家的君子，其中包括在田埂上走来走去创造历史的"神农"，除了吃饭以外，张口就应该言之有物，说话要说实实在在的大老实话，不能像老庄那样胡说八道，更不许像宋明的哲

264

学家整日空谈心性，一旦胡马骤至，那是一定要误国误家的。

"行有恒"，打猎、种田、摇纺车，养儿育女，这些都是正经事，绝对不能三天打鱼两天晒网。当然还有读圣贤的书，光宗耀祖求功名，弄文学弄艺术弄电影，弄量子力学弄生物工程，弄那从未得过的诺贝尔大奖，都不是十天八天、三年五年所能侥幸奏效，必得埋头苦干泡实验室坐冷板凳——"行有恒"！

释例：初九，突出了一个做事慎始的道理：没有规矩不成方圆，有家就要立马立规矩，等到无规矩乱了套，无论如何怨天尤人都晚了。

九三，讲男人立家规的指导原则：宁可过之于严，不可纵之以宽，文章说理还有点比较研究的味道：治家严厉一点总比嘻嘻哈哈强！

《大象传》说：《家人》内卦是离，外卦是巽；离为火，巽为风，风从火出而生烟，或田猎，或农牧，荒野之中炊烟袅袅，便是燕居家人之象。燃火生风，风又助火，化外之风源于家人之火，社会教化的根本滋生于一户一家。世间君子不尚空谈，说话做事实实在在，立

身行事端正恒常，笃守诚信。

初九一个家庭刚刚建立，就应该娴习家务，尽快适应家庭生活，能把一个家庭治理得井井有条，将来也就可以当官从政了。治家之本，重在初始，严明家道，规矩立于当初，种种偏邪不经之事就可以防患于未然。不良家风一旦形成，败坏门风之行一旦木已成舟，到那时再去后悔，再去花大力气立规矩，已经来不及了。

《小象传》说："娴习家务，严明家道，规矩立于当初"，这显然说明初九治理家庭的意图是希望首先有一个良好的开端，为了有效预防日后种种不虞之事的出现，才从美好的德化、严明的规矩里求保证，以便未雨绸缪，长远规划，从大局着眼。

圣明的君王用他崇高的美德感化众人，从而保有天下国家，这样做不必忧虑什么，一切都很吉祥。

《小象传》说："君王保有天下国家"，这说明在天下这个大家庭里，你爱我，我爱你，就像在一个小家庭之中，父子、兄弟、夫妇之间，彼此相亲相爱一样。

诚实守信，说到做到，治理一个家庭既有威严，又有很高的情感信誉，这样下来永远都会平安吉祥。

《小象传》说："治理家庭既有威严，又有很高的情感信誉，因而吉祥"，这说明上九以阳刚之身处全家之上，在管教妻小晚辈的同时，又能反身自省，要求自己比要求他人还要严格。

历览古今多少事，成由艰难败由奢。——明明知道一定会因"奢"而"败"，却依然如故还是要"奢"！天下帝王家也好，寻常百姓家也罢，自古以来，就要拿出治国的力气来治家，英明如唐太宗，能救世济民，却治不好自家的家。

这乍一看很希奇，却是中国历史上屡见不鲜的寻常事。原因究竟在哪里呢？财产所有制与婚制之间——只能去小心控制，却无法从根本上消除的——矛盾，不仅使家庭一再出现祸乱，还要把本来稳定太平的国家一次次拖进深渊。

纵观古今，凡达官贵人之家，大多好景不长，因其子孙逐渐骄奢淫逸，过不了两三代，便门第没落，日薄西山，气息奄奄。唯独曾国藩兄弟五人的家庭，至今190余年间，绵延至第八代孙，共出有名望的人才240余人，如此长盛兴旺之家，在古今中外皆属罕见。曾氏

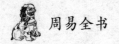

家族之所以如此人才辈出，是与曾国藩良好的家风、严谨的家教、丰富的家庭藏书密不可分的。

常言道，身教重于言教，榜样的力量是无穷的。曾国藩生长于一个勤俭孝友的大家庭，他自结婚后，生有子女，虽任侍郎，任总督，任大学士，直到封侯拜相，他的家庭生活，仍然和青少年时期当农民一样，克勤克俭，戒骄戒躁，从未丝毫骄奢，这是许多人都不易办到的。

曾国藩的日常饮食，总以一荤为主，非客到，不增一荤，时人称之为"一品宰相"。其穿戴更是简朴，一件青缎马褂一穿就是三十年。曾国藩出将入相，每天日理万机，自晨至晚，勤奋工作，从不懈怠。主要公文，均自批自拟，很少假手他人。晚年右目失明，仍然天天坚持不懈。他所写日记，直到临死之前一日才停止。其妻子女儿，跟他同住江宁（今南京）两江总督府。他规定她们白天下厨做饭菜，夜晚纺纱织麻到11点，日日夜夜如此，从未间断。

"滚滚长江东逝水，浪花淘尽英雄。"鉴古观今，许多达官贵人之家曾红极一时，然而由于家教不严家风不

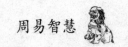

正，往往好景不长，有如昙花一现。

古往今来，无数的教训皆是触目惊心的。然而曾国藩家族的众多后裔恪守祖训，人人刻苦自励，自强不息，和穷苦子弟一样克勤克俭操持家务，坚持体力劳动，发奋半耕半读，因此能吃苦耐劳，从小便磨练出一副钢筋铁骨，加上知书达理，德才兼备，随时可以对付种种恶劣的环境。

所以，历经百年几次改朝换代内战外患天灾人祸，唯曾氏书香门第欣欣向荣，人才辈出常盛不衰。曾国藩家族至今绵延至第八代，240余人中，大多成为教育界与科技界的名家大师，没有出一个纨绔子弟。如此人才辈出的家族，确实值得整个中华民族细细研究，为之效法。

做人要慎重保晚节

原文：六四，括囊，无咎，无誉。象曰：括囊无咎，慎不害也。

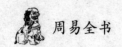

释义：中国有两个字"囊"与"橐"，古代有口的布袋为囊，中间向两头都开口的布袋，背在肩上的为橐。括囊是口袋的口收紧，不是装满口袋，这是下半月二十三、四日的月亮，半个口袋，袋口收紧了，"无咎"不会出毛病，但是亦"无誉"，没有人恭维，既不被人毁谤，亦得不到别人恭维。

释例：中国文化古代一般读书人，讲修养，讲人生，自己做一辈子事业，最后退休了，晚年还乡，检讨一下自己，没有毛病，平安退回来了，往事不讲，"英雄到老皆皈佛，宿将还山不论兵。"

这个现象就是把自己嘴巴闭起来了——括囊，既无咎，亦无誉，那么这样括囊无咎，慎重到了极点，没有害处。

记得，一位领导干部曾对高空作业的工人说："我们的工作有个共同点，都是位高而不头晕。"诙谐的语言道出了"清清醒醒为官、明明白白做人"的重要性。

面对金钱、权利、地位、美色等形形色色的诱惑，要挡住诱惑、耐住寂寞、守住清贫，是不容易的。要做到"头不晕"，在我看来，关键在于在生活和工作做到慎微、慎欲、慎终，进而严于律己。

"慎微"。《明太祖宝训·卷四》中云："不虑于微，始贻大患；不防于小，终累大德。"慎微就是要防微杜渐，坚持做到"莫以恶小而为之"。

现在，个别干部把吃请一顿饭、喝一瓶酒、拿盒茶、拿条烟当作是无伤大雅的"小节"，认为只要不犯大错误，不搞大腐败，犯点小错误，得点小实惠，组织会宽容、原谅。其实，任何人都不应该有"下不为例"的侥幸心理和"见好就收"的投机心理。

俗话说"小洞不补，大洞吃苦"、"千里之堤，溃于蚁穴"，不少原本优秀的领导干部之所以变得贪赃枉法、腐化堕落，往往是从吃一顿"便饭"、进一次舞厅、收一回"红包"等"小节"开始，最终愈演愈烈，导致银铛入狱或丢掉性命的。

因此，要警惕"小节"的潜移默化的腐蚀作用，从生活中一点一滴的"小节"入手，严于律己。避免由"小节"而演化成的大问题。

"慎欲"。有道是"壁立千仞，无欲则刚"。有些同志在急难险重的任务面前敢打敢拼，但面对功名利禄却心乱神迷；有些同志平时温文儒雅知书达理，但一涉足灯红酒绿的场所就成了"迷途的羔羊"。归根结底，皆因"欲望"作祟。欲望是个无底洞，古人说："欲不除，如蛾扑灯，焚身乃止；贪无了，若猩嗜酒，鞭血方休。"

因此，应牢固树立正确的人生观、利益观和价值观，自觉抵制灯红酒绿和各种腐朽思想文化的侵蚀，遏止私欲膨胀。在工作中不以"利益"为标准，不能盯着"荣誉"、"位子"来干工作，要淡泊名利，保持心态平衡。在生活上守住清贫，不贪图安逸和享受，洁身自好，不断强化思想道德修养。

"慎终"。常说"万事开头难"，其实能够一以贯之地结好尾更难。毛泽东同志曾说过："一个人做点好事并不难，难的是一辈子做好事。"

可见，做事业做贡献，难在坚持到底，贵在坚持到底。有些党员干部之所以在临近退休或离任的关头心理失衡，晚节不保，没有站好最后一班岗，就因为认为年龄到杠、职务到头，"有权不用、过期作废"，开始想捞点"实惠"，结果不仅给党和人民的事业造成损失，自已也身败名裂。

完善自我，真正做到慎微、慎欲、慎终，关键要自重、自省、自警、自励。要用先进的政治理论和科学知识武装头脑、净化心灵，永葆做人的本性。切不可一着不"慎"，满盘皆输。

但行好事莫问前程

原文：将水井修治完善，没有咎害。

释义：但做好事，但修其身，只要能把你这口"井"修好，便可以告慰天人，告慰本心了，至于往后能否得志见用，那就不必去多虑了。

释例：这就是《系辞下》："井，德之地也。……井以辨义"的深层含义。作为一个政治的、道德的和伦理的标度，如此之《井》，已经不再是平凡的实存之物，已经不再是凡人的日用之器，它是立于实存之物上面的理，它是由日用之器升华出来的道，它于烟火袅袅的村寨幻化出自己尽善尽美的身影，告别了村社农舍而荣登圣门龙庭。

一个当国者，必当以如此这般的理念为道德命令；一个欲求大有天下的人，必当以如此这般的美德来修持自己的德性。总之，一个同样是凡人的人，在道义上他就理应成为济民养物直到永远的——井！

《易》之为言，素以象喻，故而《井》卦卦辞："改邑不改井，无丧无得，往来井井，"全是一语多关。它们既是对井的经验陈述，又是在阐述井之为井的当然之理。

人群聚居之地可以变换，城头上的大王旗可以变换，江山社稷也可以频繁更易，然而只有一竿子到底的水井威武不屈，贫贱不移，浩然成为滚滚红尘中的中流砥柱。

纵然历经千秋万代，任随地老天荒，只要你是大有天下的君王，就应当像只作奉献不事索取的水井那样，敬德侏民，育养万物。人君之施其德也，"井养而不穷，"水井立身大地，损之又损而无丧，益之又益而不盈，时时以涌泉相报无数来者。

所以，但行好事莫问前程。

中国有句俗语叫"知恩图报"，劝诫人们受到他人的恩惠要找机会报答。还有一句话为：受滴水之恩应报之以泉涌，说的是要加倍回报他人的恩惠。然而我们只能用这些古训来要求自己，对于那些不懂得"知恩图报"的人，我们只能说他们不近人情，如果不想再"施惠"给他们，远离他们就是了。

但是，当谈到回报，想想在我们自身的生活经历中，还有多少"回报"尚待我们去做，而又有多少"回报"是我们永远无法完成的功课呢？

还有，那些在旅途中无私帮助我们脱离困境却不留姓名的人；那些在我们人生的转折点上助我们一臂之力的人……仔细地回想过去，谈不尽那许许多多好心人的帮助。

鲜花、礼品甚至金钱，都不足以报答他人在关键时期给与我们的恩惠。

中国民间的"增广贤文"中有一句话，曰："但行好事，莫问前程"。如果我们想做好事，就用这句话来劝诫自己，莫想"回报"二字。

人生在世，每个人都有受他人恩惠的经历，但却不一定都有机会完成"回报"的工作，所以能有机会施惠

予人而不求回报，不也是一种快乐吗？

付出就会有回报的。回报的形式是不一样的。有精神的有物质的。有明显的，有潜在的，要正确对待。俗话说的好呀：善有善报，恶有恶报，不是不报，时辰未到，时辰一到，善恶都报。但行好事莫问前程。

积善之家有余庆，积恶之家有余殃。善欲人知不为善，恶恐人知实为恶。我们的付出有时虽然暂时得不到回报，也是正常的，有时人的赞誉也是听不到的，但是我们在心里上坦然就是回报。也就是说为人不做亏心事，半夜敲门心不惊。我们可以安稳的休息就是一种潜在的回报。

禅院的草地上一片枯黄，小和尚看在眼里，对师父说："师父，快快撒点草籽吧！这草地太难看了。"

师父说："不着急，什么时候有空了，我去买一些草籽。什么时候都能撒，急什么呢？随时！"

中秋的时候，师父把草籽买回来了，给了小和尚，说："去吧，把草籽撒在地上。"小和尚高兴地说："草籽撒上了，地上就能长出绿油油的青草了！"

　　起风了，小和尚一边撒，草籽一边飘。"不好了，好多草籽都被吹飞了！"小和尚喊道。

　　师父说："没关系，吹走的多半是空的，撒下去也发不了芽，担心什么呢？随性！"

　　草籽撒上了，飞来了许多麻雀，在地上专挑饱满的草籽吃。小和尚看见了，惊惶地说："不好了，草籽都被小鸟吃了，这下完了，明年这片地就没有小草了！"

　　师父说："没关系！草籽多，小鸟是吃不完的！你就放心吧！明年这里一定还会有小草的。随意！"

　　夜里下了一晚上的雨，雨好大，小和尚一直不能入睡，他担心草籽被冲走了。第二天早上，早早就跑出了禅房，果然地上的草籽都不见了。于是他马上跑进师父的禅房说：

　　"师父，昨夜一场大雨把地上的草籽都冲走了，怎么办呀？"

　　师父不慌不忙地说："不用着急，草籽被冲到哪里，它就在哪里发芽！随缘！"

　　过了没多久，许多青翠的草苗破土而出，原来没有

撒到的一些角落里居然也长出了许多青翠的小苗。

小和尚高兴地对师父说:"师父,太好了,我种的草长出来了!"

师父点点头说:"随喜!"

因此,顺其自然,不必刻意强求,只要付出了就一定能够得到回报!

我们举出一个人来做例子,这是讲到这里,顺便讨论历史。在此要特别声明,冯道这个人,是不能随便效法的。现在只是就学理上,作客观的研究而已。

唐末五代时,中国乱了八十多年当中,这个当皇帝、那个当皇帝,换来换去,非常的乱。而且都是边疆民族。我们现在所称的边疆民族,在古代都称为胡人。当时,是由外国人来统治中国。这时有一个人名叫冯道,他活了七十三岁才死。在五代那样乱的时候,每一个朝代变动,都要请他去辅政,他成了不倒翁。

我读了历史以后,由人生的经验,再加以体会,我觉得这个人太奇怪。如果说太平时代,这个人能够在政治风浪中屹立不摇,倒还不足为奇。但是,在那么一个大变乱的八十余年中,他能始终不倒,这确实不是个简单的人物。第一点，可以想见此人，至少做到不贪污，使人家无法攻击他；而且其它的品格行为方面，也一定是炉火纯青，以致无懈可击。

古今中外的政治总是非常现实的，政治圈中的是非纷争也总是不可避免的。可是当时没有一个人攻击他。如从这一个角度来看他，可太不简单。而且最后活到那么大年纪，自称"长乐老人"，牛真吹大了。历史上只有两个人敢这么吹牛，其中一个是当皇帝的——清朝的干隆皇帝——自称"十全老人"，做了六十几年皇帝，活到八十几岁死，样样都好，所以自称人生已经十全了。

做人臣的只有冯道，自称"长乐老人"，这个老人真不简单。后来儒家骂他丧尽气节，站在这个角度看，的确是软骨头。但从另一角度来看，历史上、社会上，凡是被人攻击的，归纳起来，不外财、色两类，冯道这个人大概这两种毛病都没有。他的文字著作非常少，几可以说没有什么东西留下来，他的文学好不好不知道。后来慢慢找，在别的地方找到他几首诗，其中有几首很好的，像：

天道

穷达皆由命，何劳发叹声。

但知行好事，莫要问前程。

冬去冰须泮，春来草自生。

请君观此理，天道甚分明。

偶作

莫为危时便怆神，前程往往有期因。

须知海岳归明主，未必乾坤陷吉人。

道德几时曾去世，舟车何处不通津。

但教方寸无诸恶，狼虎丛中也立身。

像他"偶作"中的最后两句，就是说自己只要心地好，站得正，思想行为光明磊落，那么"狼虎丛中也立身"，就是在一群野兽当中，也可以屹然而立，不怕被野兽吃掉。

我看到这里，觉得冯道这个人，的确有常人不及之处。尽管许多人如欧阳修等，批评他谁当皇帝来找他，他都出来。但是从另外一个角度看，这个人有他的了不起处。在五代这八十年大乱中，他对于保存文化、保留国家的元气，都有不可磨灭的功绩。为了顾全大局，背上千秋不忠的罪名。

由他的著作上看起来，他当时的观念是：向谁去尽忠？这些家伙都是外国人，打到中国来，各个当会儿皇帝，要向他们去尽忠？那才不干哩！我是中国人啊！所以他说"狼虎丛中也立身"，他并没有把五代时的那些皇帝当皇帝，他对那些皇帝们视如虎狼。

再看他的一生，可以说是清廉、严肃、淳厚，度量当然也很宽宏，能够包涵仇人，能够感化了仇人。所以后来我同少数几个朋友，谈到历史哲学的时候，我说这个人的立身修养，值得注意。

从另外一面看他政治上的态度，作人的态度，并不算坏。几十年后文化之所以保存，在我认为他有相当的功劳。不过在历史上，他受到没有气节的千古骂名。

所以讲这一件事，可见人有许多隐情，盖棺不能论定。说到这里，我们要注意，今天我们是关起门来讨论学问，可绝不能学冯道。老实说，后世的人要学冯道也学不到，因为没有他的学养，也没有他的气节。且看他能包容敌人、感化敌人，可见他几乎没有发过脾气。有

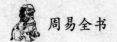

些笨人，一生也没有脾气，但那不是修养，是他不敢发脾气。

　　冯道能够在如此大风大浪中站得住，实在是值得研究的。